MARCO POLO
LIBANON

W0075513

*Fünf Symbole sollen Ihnen
die Orientierung in diesem Führer erleichtern:*

für Marco Polo Tips – die besten in jeder Kategorie

für alle Objekte, bei denen Sie auch eine schöne Aussicht haben

für Plätze, wo Sie bestimmt viele Einheimische treffen

für Treffpunkte für junge Leute

(110/A 1)
Seitenzahlen und Koordinaten für den Reiseatlas Libanon
(U/A 1) *Koordinaten für den Stadtplan Beirut im hinteren Umschlag*
(O) *außerhalb des Stadtplans*

*Diesen Führer schrieb Birgit Bogler. Sie ist bislang die erste
und einzige deutsche Journalistin, die nach dem Ende des Krieges wieder
permanent in Beirut arbeitet, und zwar seit Juni 1991.*

*Die Marco Polo Reihe wird herausgegeben
von Ferdinand Ranft.*

Die aktuellsten Insider-Tips finden Sie im Internet unter http://www.marco-polo.de

MAIRS GEOGRAPHISCHER VERLAG

MARCO ⊕ POLO

Für Ihre nächste Reise gibt es folgende Titel dieser Reihe:

Die Marco Polo Redaktion freut sich, wenn Sie ihr schreiben: Marco Polo Redaktion, Mairs Geographischer Verlag, Postfach 31 51, D-73751 Ostfildern

Unsere Autoren haben nach bestem Wissen recherchiert. Trotzdem schleichen sich manchmal Fehler ein, für die der Verlag keine Haftung übernehmen kann.

Titelbild: Drusinnen in den Ruinen von Baalbek (Thiele)
Fotos: Autorin (12, 16, 21, 30, 39, 48, 74); Conseil National du Tourisme au Liban (28);
Focus: Steele-Perkins (8, 57); Kirchgeßner (32); Lade: Röhl (37, 58); Mauritius: Hubatka (109);
Schuster: Explorer (53, 62, 80), Harding (4, 44, 85); Thiele (24, 70, 77); Transglobe: Pierer (7);
Zabbal (66, 79)

3., aktualisierte Auflage 1999 © Mairs Geographischer Verlag, Ostfildern
Chefredakteurin: Marion Zorn
Lektorat: Heinz Vrchota
Gestaltung: Thienhaus/Wippermann (Büro Hamburg)
Kartographie Reiseatlas: © Mairs Geographischer Verlag
Sprachführer: in Zusammenarbeit mit dem Ernst Klett Verlag für Wissen und Bildung GmbH,
Redaktion PONS Wörterbücher

Printed in Germany
Gedruckt auf 100% chlorfrei gebleichtem Papier

INHALT

Entdecken Sie den Libanon!

Der Krieg ist vorbei, und der Wiederaufbau hat begonnen

Noch im Jahr 1970 besuchten, einer offiziellen Statistik zufolge, knapp eine Million Touristen die »Schweiz des Nahen Ostens«; dieser Ruf kam nicht von ungefähr. Schneebedeckte Berge, palmengesäumte Boulevards und Strandpromenaden, eine Bank an jeder Ecke und ein Nachtleben, das seinesgleichen suchte: Beirut, die »Perle des Orients«, galt nicht zu Unrecht als Mittlerin zwischen zwei Kulturen. Der Krieg hat vieles davon gründlich verändert. Wer heute an den Libanon denkt, hat vor allem Ruinen im Kopf, Geiselnahmen und Bomben. Doch dieses Bild ist falsch. Zumindest genauso falsch wie das Postkartenidyll aus der Vorkriegszeit, das die sozialen und politischen Ursachen des Krieges dezent unter den Teppich kehrte.

Der Krieg ist freilich seit dem Jahr 1990 offiziell vorbei: Wer heute den Libanon bereist, spürt vor allem den ungebrochenen und nach eineinhalb Jahrzehnten Krieg bewundernswert starken

Mosaikportal im Palast
des Emirs Béchir II. in Beit
Ed Din nahe Beirut

Willen der Libanesen zum Wiederaufbau. In der Tat gibt es in dieser Hinsicht viel zu tun, doch daß das Land nur noch aus Ruinen bestünde, ist nichts als eine hartnäckige Klischeevorstellung, die der Realität nicht standhält und an der überdies die Medien nicht unschuldig sind. Die Zerstörung war immer nur punktuell, entlang der Demarkationslinien: Im Rest des Landes steht alles wie zuvor.

Beginnen Sie mit Beirut und entdecken Sie das alte Ashrafiyeh: Im Viertel St. Nicolas begegnen Sie großbürgerlichen Palais aus dem 19. Jahrhundert. Vergessen Sie nicht, einen Blick ins Sursock-Museum zu werfen, schon die Architektur ist sehenswert. Schlendern Sie durch »Klein Eriwan«, durch die Gassen von Bourj Hammoud, dem Armenierviertel, oder durchstreifen Sie das orientalisch-moslemisch geprägte Basta Tahta auf der Suche nach Antiquitäten und Trödel. Spannen Sie aus bei einem Spaziergang in frischer Meeresbrise entlang der Corniche, der Uferstraße Beiruts. Erholen Sie sich vom »Einkaufsstreß« bei türkischem Kaffee in einem Straßencafé auf der Hamra, der Shoppingmeile Westbeiruts, genießen Sie die exzellente Küche des Landes und das wiedererwachte Nachtleben.

Lassen Sie Beirut hinter sich und fahren Sie durchs Land. Die schon in der Antike gerühmte landschaftliche Schönheit und die so überaus reichhaltige Kultur der Libanesen erschließen sich erst richtig im Landesinneren. Erkunden Sie die malerischen Bergdörfer, die sich ihre alte Atmosphäre bewahrt haben: rote Ziegeldächer, Rundbogenfenster, verspielte schmiedeeiserne Ziergitter vor blumengeschmückten Balkonen, orientalische Arkaden – die traditionellen libanesischen Häuser spiegeln schon in sich die Mischung aus Orient und Okzident, die für den Libanon so charakteristisch ist; toskanische Baumeister, vom Drusenfürsten Fakhr Ed Din im 17. Jahrhundert ins Land gerufen, inspirierten diese Mischung aus West und Ost. Besuchen Sie den Chouf, die Heimat der Drusen: In Beit Ed Din und Deir El Qamar stehen einige besonders schöne Beispiele orientalischer Palastarchitektur. Erkunden Sie Tripoli, die Metropole des Nordens, deren abwechslungsreiche Geschichte sich in der Kreuzfahrerzitadelle und in mittelalterlichen Basarstraßen, in Moscheen und türkischen Bädern (Hamams) dokumentiert. Entdecken Sie Baalbek in der Bekaa-Ebene: Highlight und absolutes Muß für jeden Libanon-Aufenthalt. Das gleiche gilt für Byblos (arab. Jbail), das auf eine knapp sechs Jahrtausende alte Geschichte zurückblicken kann. Wie wäre es mit einem Picknick im wildromantischen Tal des Nahr Ibrahim? Um

ihn, den Adonisfluß der Antike, rankt sich die Legende von Venus und Adonis, dessen Blut alljährlich im Frühling das Wasser rötlich färbt. Weiter im Süden, in Saida (früher Sidon), wandeln Sie hingegen auf den Spuren der Kreuzfahrer, die eine vom Wasser umspülte Burg im Meer zurückließen. Noch weiter südlich, in Tyrus (arab. Sour), finden Sie eines der ausgedehntesten Ruinenfelder der Antike. Phönizier und Griechen, vor allem aber die Römer bauten hier, und die Unesco entwickelte bereits ein Programm zur Sicherung der antiken Stätten sowie zu weiteren Grabungen. Mythologie auch hier: Die Königstochter Europa, die von Zeus in Stiergestalt entführt wurde und die dem Kontinent ihren Namen gab, stammte aus Tyrus – nicht anders als Dido, die Königin von Karthago, einer tyrenischen Kolonie aus dem 7. Jahrhundert vor Christus.

Wenn Sie nach all den Besichtigungen sich lieber einmal faul in die Sonne legen oder baden wollen: Die Küste des Libanon besteht zwar überwiegend aus Felsen, doch es gibt auch diverse Sandstrandabschnitte. Als bestgepflegter Streifen gilt der Sandstrand südlich von Byblos. Sonnenbaden oben ohne ist hierzulande allerdings verpönt, Sie befinden sich im Orient. Wasserski und Surfen sind zwar gang und gäbe, doch zumeist in privaten Clubs. Die Skigebiete bei Les Cèdres oder Faraya hingegen stehen jedermann offen, Saison ist im Februar und März, je nach Wetterlage aber auch schon ab Januar.

Zum Thema Unterkünfte: Es gibt – zu entsprechenden Preisen – einige sehr gute Luxushotels, aber noch nicht genügend Mittelklasseherbergen, um einem wirklichen Touristenandrang gerecht zu werden. Rechtzeitige Vorausbuchung ist daher unbedingt erforderlich, dies gilt genauso für die sogenannten Chalets, Ferienwohnungen mit komplett eingerichteter Küche. Melden Sie sich daher am besten schon im Februar/März an, oder buchen Sie von vornherein eine Gruppenreise: Sicher ist sicher!

Wer den Libanon wirklich kennenlernen will, braucht Zeit, und vor allem ein Gespräch mit den Einheimischen gehört unbedingt dazu. Libanesen sind überaus kontaktfreudig und aufge-

schlossen, und viele von ihnen beherrschen mehr als eine Fremdsprache. Von der spontanen Herzlichkeit und der sprichwörtlichen Gastfreundschaft der Libanesen gegenüber Ausländern könnte mancher in Europa so einiges lernen. Eines gilt hierzulande allerdings als *dégoutant:* das Gammeloutfit von Rucksacktouristen. Die Libanesen selbst legen viel Wert auf ihr Äußeres, eine gepflegte Erscheinung erleichtert die Kontakte daher ganz ungemein.

Wenn man Sie einlädt – nehmen Sie an! Libanesen feiern die Feste, wie sie fallen, sie haben sich, trotz aller Kriegsjahre, eine

Im nur stellenweise grünen Hügelland um den Fluß Nahr Al Assi (Orontes)

Der Architekt Ghassan Zein mit einem Modell des geplanten neuen Stadtzentrums von Beirut

ansteckende Lebensfreude bewahrt, zu besichtigen überall dort, wo auch getanzt wird.

Seinen schneebedeckten Bergen verdankt der Libanon (arab. *lubnan*) seinen Namen, das Wort bedeutet »weiß« in den alten semitischen Sprachen, eine Sprachwurzel nebenbei, die sich auch heute noch in den Wörtern für Joghurt *(labban)* oder Quark *(labné)* wiederfindet. Die Bergketten des Libanon sowie des Antilibanon teilen das Gebiet des Landes, das rund 10 400 qkm umfaßt, von Nord nach Süd. Von der Küstenebene steigt das Gebirge bis auf über 3000 m an, um dann im Osten zur Hochebene der Bekaa hin wieder abzufallen. Den Ostrand der Bekaa begrenzt der Gebirgszug des Antilibanon; dort ist die syrische Grenze erreicht. Im Süden endet der Antilibanon im Hermon-Massiv; dort stoßen die politischen Grenzen von Israel, Syrien und Libanon aufeinander.

An der Küste herrscht das typisch mediterrane Klima mit heißen Sommern und kräftigen Regengüssen im Winter, die mit zunehmender Höhe in den Bergen und in der Bekaa-Ebene in Schnee übergehen. Die Temperaturen liegen in Beirut in den Sommermonaten um 30 °C, im Winter fällt die Quecksilbersäule auf ca. 15 °C. In den Bergen, aber auch in der Bekaa, kann es im Winter empfindlich kühl werden, die Durchschnittstemperaturen liegen dort nachts um 5 °C. Ende Oktober/Anfang November geht der Sommer meist schlagartig in den Winter über, doch ab Mitte Februar künden wilde Blumenteppiche in Weiß, Gelb und Lila in den Bergen den nahen Frühling an. Im März/April weht der Chamsin, ein heißer Wüstenwind, an bis zu fünfzig Stunden (arab. fünfzig = *chamsin),* er läßt das Thermometer auf bis zu 40 °C ansteigen.

Das Klima prägt Vegetation und Landwirtschaft. An der Küste gedeiht die ganze Palette der Mittelmeerflora: Jasmin und Hibiskus, Oleander, Palmen und Zypressen, Bananenpflanzungen und Orangenhaine bestimmen das Bild. Die Berge hinauf ziehen sich ausgedehnte Ölbaumkulturen und alle Arten von Obstbäumen. Die Berghänge sind von Pinienwäldern bedeckt, ihr französischer Name *parasol* (Sonnenschirm) beschreibt anschaulich ihre typische Halbkugelform. Im Unterholz wachsen wilder Thymian, Salbei und Origano – es duftet danach, vor allem an warmen Sommerabenden. Im Hochgebirge stehen die berühmten Zedern, nur noch wenige Exemplare dieser jahrhundertealten Riesen sind erhalten. Die Bekaa-Ebene gilt als der große Garten des Landes, Obst, Gemüse und

Weinreben werden dort angebaut. Kahle Höhen gibt es dagegen im Antilibanon, die syrische Wüste kündigt sich an. Als Haustiere werden Hühner gehalten, Schafe, Ziegen und in der Landwirtschaft auch Kühe.

Export und Import sind freilich noch immer die Hauptstütze der libanesischen Wirtschaft, die sich nur langsam vom Krieg erholt. Letzterer ließ die Währung verfallen, notwendige Investitionen blieben naturgemäß aus. Die industrielle Produktion erstreckt sich im wesentlichen auf Verbrauchsgüter (Nahrungsmittel, Textilien, Möbel, Papiererzeugnisse) sowie den Bausektor: Zementfabriken, Steinbrüche und keramische Artikel.

Das Bildungsniveau ist hoch, das Land zählt sieben Universitäten, und allein fünf davon liegen im Stadtgebiet von Beirut. Viele Uniabsolventen ziehen es wegen der höheren Gehälter gleichwohl vor, ins Ausland zu gehen. Die Emigration ist freilich nicht nur eine Folge des Krieges. Schon vor Generationen bewogen die gleichen Gründe wie heute viele Libanesen, ihr Glück woanders zu versuchen, fast jede Familie verfügt so über Verwandte im Ausland. Die Familie, der Clan, prägt denn auch in viel stärkerem Maß das Denken, als es für Mitteleuropäer nachvollziehbar wäre. Der Staat, das waren immer »die anderen«. Griechen und Römer, Türken und Franzosen, die Familie allein bot da Rückhalt für den einzelnen. Die Clanmentalität verhinderte freilich die Herausbildung eines »Bürgersinns«, und die Trennung in Religionsgemeinschaften tat ein übriges. Siebzehn anerkannte Glaubens-

gemeinschaften gibt es heute, zu den größten zählen Sunniten, Schiiten und Drusen, Maroniten und Griechisch-Orthodoxe. Wie viele Einwohner der Libanon hat, weiß niemand so ganz genau; Volkszählungen galten aufgrund des Religionsproporzes als Politikum, die letzte wurde 1932 abgehalten. Inoffizielle Zahlen von 1984 gehen indes von etwa dreieinhalb Millionen Einwohnern aus, wobei den Moslems heute ein leichtes Übergewicht zukommt. Die Schiiten gelten schon seit einiger Zeit allgemein als die größte Glaubensgemeinschaft des Landes.

Als Tourist werden Sie der Politik kaum entkommen. Hierzulande ist fast jeder politisiert, die Erinnerung an den Krieg ist noch frisch. Doch wenn die Einheimischen abends in einem Gartenrestaurant in den Bergen auf einer weinlaubumrankten Terrasse sitzen und die Schätze aus Küche und Keller genießen, vergessen auch sie, für ein paar Stunden zumindest, daß es – was immer seltener vorkommt – wieder einmal keinen Strom gibt, daß kein Trinkwasser aus den Hähnen fließt und wer daran schuld hat: wahlweise die Israelis, die Syrer, die Amerikaner, die Regierung sowieso. Ein paar Takte arabischer Musik, und die levantinische Lebenslust schlägt wieder durch, das Savoir-vivre macht den Libanesen so leicht keiner nach.

Lassen Sie sich mitreißen, Sie müssen heutzutage – zumindest meistens – nicht mehr besonders mutig sein, um hierher zu reisen. Wenn Sie ein paar Vorsichtsmaßnahmen beachten, ist Ihnen eines gewiß: ein Urlaub, den Sie so schnell nicht vergessen werden.

Geschichtstabelle

3000–1600 v. Chr.

Nach Amorrhäern und Kanaanitern besiedeln am Ende des 4. Jahrtausends die Phönizier die Küstenregion; Byblos, Sidon, Tyrus und später Berytus (Beirut) entwickeln sich zu bedeutenden Handelsplätzen; der Austausch mit Mesopotamien führt zur Erfindung eines Alphabets

1600–1200 v. Chr.

Die phönizischen Stadtstaaten zahlen zeitweise Tribut an die ägyptischen Pharaonen

1200–332 v. Chr.

Sogenannte »Invasion der Seevölker« in Phönizien; Tyrus übernimmt anstelle von Sidon die phönizische Führungsrolle in Seefahrt und Handel; tyrenische Koloniegründungen rings ums Mittelmeer (u. a. Karthago und Cádiz); Einfälle der Assyrer und Babylonier; Nebukadnezar versucht 587–574 v. Chr. vergeblich, Tyrus zu erobern; nach dem Sieg der Perser über Babylon 539 v. Chr. gerät auch Phönizien unter persische Abhängigkeit

332 v. Chr.

Alexander der Große erobert Phönizien; die »griechische Periode« beginnt

64 v. Chr.–635 n. Chr.

Römische, später christliche Periode; Sidon erhält eine berühmte Rechtsschule; nach der Teilung des Reiches in Ost- und Westrom gerät Phönizien unter byzantinischen Einfluß; Tyrus, Sidon und Berytus erhalten Bischofssitze; Berytus ebenfalls eine berühmte Rechtsschule

635

Die »arabische Periode« beginnt; die Araber erobern Beirut; 636 fällt Tyrus, 677 Sidon, fortan Saida geheißen; Syrien (unter Einschluß des antiken Phönizien) wird von den Kalifen in Damaskus, später Bagdad verwaltet

962–1109

Nach dem Aufstieg des fatimidischen Gegenkalifats in Kairo und der Schwächung Bagdads wird die Auseinandersetzung zwischen den drei Regionalmächten Byzanz, Kairo und Bagdad an der libanesischen Küste ausgetragen

1109–1289

Kreuzfahrerzeit; 1109 wird Tripoli erobert, 1110 Beirut und Saida; Tyrus, Tibnin, Saida und Tripoli werden zu Bollwerken der fränkischen Eroberer. Nach der Machtergreifung der Mamelucken in Kairo gelingt es Saladin und später den Mameluckensultanen, die Kreuzfahrer zurückzudrängen; Tripoli fällt als letzte der libanesischen Städte 1289 an die Mamelucken

1289–1516

Mameluckenherrschaft über die Provinz Syrien (unter Einschluß des heutigen Libanon)

1516–1918

Die Mamelucken werden von den Ottomanen unter Selim I.

bei Aleppo geschlagen; im Libanon beginnt die Türkenherrschaft, die sich zum Teil auf die lokalen Feudalfamilien stützt. Emir Fakhr Ed Din (1585–1635) aus der Maan-Familie erreicht das größte Maß an Unabhängigkeit gegenüber den Türken; er wird dafür 1635 in Istanbul ermordet. Nach dem Aussterben der männlichen Maan-Nachkommen geht das Emirat an die Chéhab-Familie über; 1832 erobert der Ägypter Ibrahim Pascha den heutigen Libanon; Ibrahim wird von den Alliierten (Türken, Briten und Österreicher) geschlagen; 1840 alliierter Beschuß Beiruts; die drusisch-christlichen Auseinandersetzungen bringen 1842 die Einführung des Kaimakats (Teilung der Bergregion Mt. Liban in zwei Regierungsbezirke); Ende der Feudalfamilienherrschaft. 1858–1860 Bürgerkrieg zwischen Drusen und Christen; französische Truppen landen in Beirut; auf Druck der Europäer wird der Mt. Liban autonome Provinz des Ottomanischen Reiches mit einem Mutassarrif (Gouverneur) an der Spitze

1918
Zusammenbruch des Ottomanischen Reiches; Beginn der französischen Besatzung

1920
Das Gebiet »Groß-Libanon«, das neben der Bergregion Mt. Liban (»Petit Liban«) die Bekaa-Ebene sowie die Küstenstädte Tripoli, Beirut, Saida und Tyrus umfaßt, wird französisches Mandatsgebiet

1926
Der Libanon wird offiziell Republik unter französischem Mandat

1943
Volle Unabhängigkeit; ein Proporzsystem sichert den Christen ein leichtes Übergewicht

1958
Bewaffnete Auseinandersetzungen lassen den Staatspräsidenten Camille Chamoun die US-Marines ins Land rufen: Chamoun wird durch General Fouad Chéhab ersetzt

1975
Ausbruch des Bürgerkriegs

1982
Israelische Libanon-Invasion; Massaker in den Palästinenserlagern Sabra und Chatila, Ermordung des Präsidenten Béchir Gemayel

1989
Taef-Abkommen: Eine Fifty-fifty-Regelung ersetzt den Religionsproporz von 1943

1990
13. Oktober: Entmachtung des Maronitengenerals Michel Aoun; offizielles Ende des Bürgerkriegs

1992
Rafic El Hariri wird Premier

1996
Nach Angriffen der Hisbollah bombardiert Israel den Süden, Tyrus, aber auch Beirut

1998
15. Oktober: Neuer Staatspräsident wird Emile Lahoud
2. Dezember: Dr. Sélim Al Hoss wird zum Premier ernannt

Schmelztiegel der Kulturen

Maroniten und Islam, Kunst, Geschichte und Politik: das Wichtigste in Kürze

Armenier

Ihrer Präsenz im Libanon liegt ein schmerzliches Ereignis zugrunde: der Genozid von 1915. Etliche Armenier strandeten damals am rechten Ufer des Nahr Beyrouth. Aus bescheidensten Anfängen erwuchs das Viertel Bourj Hammoud. Hinter den oft ärmlichen Fassaden verbirgt sich freilich ein nicht zu unterschätzender Wirtschaftsfaktor: Gold- und Textilhandel blühen. Couture-Modelle kopiert man hier im Handumdrehen, Designerjeans und Marken-T-Shirts gibt's an jeder Ecke. Mit eifrig genutzten Familienbanden rund um den Globus, aber auch mit bemerkenswertem Fleiß mehren die Armenier das libanesische Sozialprodukt, überdies bescherte ihnen ihr Christentum die Integration ins multikulturelle Mosaik des damals noch christlich dominierten Libanon: Gesetzlich garantierter Minderheitenstatus und Abgeordnete im Beiruter Parlament sind die Früchte dieser Symbiose aus Ökonomie und Religion. Fürs Geistliche zuständig ist ihr eigener Patriarch: Der Catholicos Aram Kasheshian amtiert im Catholicossat von Silicien, so der offizielle Name, gleich an der Küstenautobahn im nördlichen Beiruter Vorort Antelias. Das »Schädelhaus«, eine kleine Kapelle dort, zeigt Totenschädel. Sie erinnern an die Ereignisse von 1915. Die armenische Schrift, kyrillischen Zeichen verwandt, finden Sie hier wie auch in Bourj Hammoud. Rund um die Rue d'Arménie werden damit indes eher Basterma (Dörrfleisch) oder Soujouk (Knoblauchwürste) feilgeboten – ein köstlicher Abschluß nach einem ausgedehnten Bummel.

Bakschisch und Nepp

Die erste Bekanntschaft mit diesen Dingen steht Ihnen bevor, sobald Sie libanesischen Boden betreten. Sowohl am Flughafen als auch am Hafen wartet ein Heer zuvorkommender Taxifahrer – und für ihre Preisforderungen ist Nepp geradezu ein mildes Wort. Ein Tip: Diskutieren Sie erst mit dem Fahrer, wenn Sie an Ihrem Hotel angekommen sind. Das dortige Personal wird »helfend«

Der drusische Friedhof von Beqata mit seiner eigentümlich inspirierten Gestaltung

13

eingreifen – erwartet dann allerdings ebenfalls ein kleines Bakschisch, denn: *C'est l'orient!* Halten Sie vorsorglich Ein-Dollar-Noten parat. Zu festgesetzten Preisen (für Ausflüge ins Landesinnere) fahren: *Sultan-Taxi, Rue Sadat, Tel. 01/86 70 21 oder 86 84 32,* sowie *Lebanon-Taxi, Rue de Rome, 01/ 34 07 17 bzw. 18 oder 35 31 52 bzw. 53* (beide in Beirut). Bakschisch erwarten ansonsten alle dienstbaren Geister, doch geben Sie nie zuviel, für kleine Gefälligkeiten reichen 1–2 Dollar durchaus. Im Restaurant sollten Sie etwa zehn Prozent des Rechnungsbetrags einkalkulieren.

Bauchtanz

Für viele Europäer der Inbegriff des Orients: Klirrende Ketten und Armbänder, wehende Schleier und farbenfrohe Kostüme gehören dazu. Die Kunst, mit dem Bauchnabel eine liegende Acht zu beschreiben, ist uralt. Vor Jahrhunderten, wenn nicht Jahrtausenden, wohl eher ein Tanz, der Frauen die Geburt erleichtern sollte, entwickelte er sich in der höfischen Gesellschaft der Kalifen zur erotischen Kunst, später zum billigen Amüsement. Im Libanon ist der *raqs esch scharqi,* der östliche Tanz, wie er auf arabisch heißt, heute wieder weit verbreitet. Auf privaten Partys, in Diskos und Nachtclubs können Sie dies feststellen, sobald die einschlägige Musik aufgelegt wird. Wer wirklich gekonnten Bauchtanz sehen will, muß sich in einen Nachtclub begeben, wo die Stars der Szene auftreten: Dany Bustros oder Samarra. Fragen Sie am besten an Ihrer Hotelrezeption, und lassen Sie unbedingt einen Tisch reservieren. Das optische Vergnügen hat

seinen Preis, 100 Dollar werden Sie an so einem Abend schnell los, meist aber mehr. Wer beim Bauchtanz weniger die Kunst als das Amüsement sucht – es gibt eine ganze Reihe von Nachtclubs, in denen die Tänzerinnen nach der Show den (männlichen) Gästen Gesellschaft leisten. Auch hier weiß Ihr Hotelportier (gegen eine kleine Aufmerksamkeit) sicherlich bestens Bescheid. Billiger, sagen böse Zungen, wird dies aber keinesfalls, eher teurer. Die Damen haben meistens einen »Impresario«, der das Geld eintreibt.

Bürgerkrieg

Lernen Sie Libanesen ein wenig näher kennen, wird das Gespräch unweigerlich um die politischen Ereignisse seit Mitte der siebziger Jahre und ihre Folgen kreisen. Damit Sie zumindest in groben Zügen wissen, wer gegen wen und warum geschossen hat, hier ein kurzer Überblick: 13.4.1975 offizieller Kriegsbeginn. Am Anfang kämpften vor allem christliche Milizen gegen Palästinenser und deren moslemische Verbündete. Den Christen war die Präsenz bewaffneter PLO-Verbände, die die Autorität des Staates immer mehr in Frage stellten, ein Dorn im Auge. Die Palästinenser, so sahen sie es damals, verteidigten ihre Lager und die darin herrschende Autonomie gegenüber dem christlich dominierten Staat. Die libanesischen Moslems, die sich aufgrund des herrschenden Religionsproporzes bei der Vergabe von Ämtern und Pfründen benachteiligt fühlten, sahen in den palästinensischen Guerillas ein Druckmittel zur Durchsetzung von mehr Mitsprache.

Doch je mehr sich der Konflikt ausweitete und internationalisierte (Israel rüstete die Christenmilizen auf, Syrien unterstützte die moslemische Gegenseite: Drusenmiliz, schiitische Amal-Miliz, sunnitische Al Mourabitoun sowie eine Myriade palästinensischer Gruppen, die zum Teil auch von anderen arabischen Staaten Unterstützung erfuhren), desto verworrener wurde die Lage. Keine der Konfliktparteien war stark genug, der anderen ihren Willen aufzuzwingen. Der Einmarsch der Israelis im Juni 1982 zwang die PLO zum Abzug aus Beirut und verhalf der stärksten Christenmiliz, Forces Libanaises (FL), zunächst zum Pyrrhussieg. FL-Chef Béchir Gemayel wurde zum Staatspräsidenten gewählt, doch nur wenige Tage später ermordet.

Als Reaktion darauf verübten christliche Milizionäre unter israelischer Aufsicht die berüchtigten Massaker in den Palästinenserlagern Sabra und Chatila. Israels Invasion hatte indes noch weiter reichende Konsequenzen: Vor allem die Schiiten des Südens, die am meisten unter der israelischen Besatzung zu leiden hatten, radikalisierten sich: 1982 wurde die Hisbollah gegründet, die vom Iran finanzierte und kontrollierte Schiitenmiliz. Der Krieg eskalierte weiter, Drusen kämpften gegen die Christen (Choufkrieg 1983/84), Amal stritt sich mit der Hisbollah um die Vorherrschaft im schiitischen Lager, Drusen und Amal besiegten die Sunnitenmiliz Al Mourabitoun in Westbeirut, alle zusammen warfen die christlich dominierte Armee aus Westbeirut hinaus. Amal besiegte die

noch verbliebenen PLO-Guerillas in den Lagern (Lagerkrieg von 1985 bis 1988), schließlich kämpften die Christen untereinander (von 1989 bis 1990, FL gegen den Maronitengeneral Michel Aoun, der den christlichen Teil der Armee kommandierte). Die Syrer, seit 1976 mit eigenen Truppen im Libanon präsent, besiegten Aoun am 13.10.1990. Dieses Datum gilt seither als offizielles Kriegsende. 1992 konnten auch die letzten westlichen Geiseln, die ab 1984 von Kidnappern im Umkreis der Hisbollah entführt worden waren, das Land verlassen. Seither wurden die Milizen zum großen Teil entwaffnet, lediglich die Hisbollah, die zusammen mit Palästinensern, Amal und libanesischen Splittergruppen im Süden gegen die israelische Besatzung kämpft, durfte bislang all ihre Waffen behalten.

Drusen

Die ersten Drusengemeinden auf libanesischem Boden entstanden am Fuß des Mt. Hermon im Wadi Taym in der zur Zeit von Israel besetzten »Sicherheitszone«. Dort propagierten im 11. Jahrhundert die ersten Missionare aus Kairo einen neuen Glauben, nach einem von ihnen, Nashtaki ad Darazi, wurde die neue Bewegung *ad duruz* (Drusen) genannt. Der Fatimidenkalif Al Hakim Bi Amrillah hatte zuvor in Ägypten eine Lehre verkündet, die sich radikal vom bisherigen Islam abwandte. Zwischen Gott und den Gläubigen, so Al Hakim, seien keine einengenden Schranken mehr notwendig wie z.B. das rituelle fünfmalige tägliche Gebet oder das Fasten im Ramadan. Gott (Allah) sei auch nicht als Person zu verstehen, sondern als Abstraktum, aus dem *al aql,* die Weltseele, und alle weiteren Entwicklungen hervorgingen. Die drusische Philosophie, nicht Religion, denn den Drusen geht es nicht ums Glauben, sondern ums Wissen, weshalb sie arabisch auch *Beni marouf* (die Söhne des Wissens) genannt werden, weist Einflüsse schiitischen, manichäistischen sowie hinduistischen Gedankenguts auf, wie etwa die Überzeugung, daß die Seele nach dem Tod in einem neugeborenen Drusen weiterlebt: Als Druse wird man geboren, man kann nicht konvertieren. Die Verfolgungen, die sich nach Al Hakims Tod gegen die Anhänger der neuen Lehre richteten, veranlaßten die Überlebenden, sich in die unzugänglichen Berge des Libanon zu flüchten, doch auch in Syrien und Israel gibt es drusische Gemeinschaften. Über Jahrhunderte hinweg bestimmten drusische Feudalfamilien die Politik im Libanon. Libanons Nationalheld Fakhr Ed Din Maan war Druse. Heute obliegt die politische Führung der Familie Jumblatt, die religiöse Autorität liegt bei den *uqqal,* den in die Geheimlehre eingeweihten Scheichs – und Scheichas, denn auch Frauen haben Zugang zu den heiligen Texten. Kenntlich sind die frommen Weisen an ihrer Kleidung: schwarze Pluderhosen und ein weißer Turban für den Scheich, ein großer weißer Schleier für die Scheicha, die in aller Regel einen Fotografierversuch zurückweisen wird. Die jahrhundertelang eifersüchtig gehüteten Sakraltexte sind seit wenigen Jahren zu-

Das Schloß der Feudalfamilie Jumblatt in Mukhtara

gänglich. Dieser Umstand ist eine Folge des Kriegs: Christliche Milizionäre stahlen die sogenannten »Sechs Bücher der Weisheit« – die Publizierung ließ nicht lange auf sich warten.

Frauen im Libanon

Vor allem in den christlichen Landesteilen finden Sie die kürzesten Miniröcke und die knappsten Designerbikinis der arabischen Welt, doch ganz so locker, wie es auf den ersten Blick den Anschein hat, geht es hinter den Kulissen denn doch nicht zu: Jungfräulichkeit steht auch in den christlichen Bergdörfern nach wie vor hoch im Kurs. Ehe und Familie gelten als zu respektierende Institutionen. Berufstätigkeit von Frauen ist dagegen weit verbreitet, Frauen in Wirtschaft und Verwaltung sind eine Selbstverständlichkeit. Der Krieg zwang viele, die traditionell angestrebte Ehefrau-und-Mutter-Rolle mit einer Erwerbstätigkeit zu verbinden. Emanzipation reduziert sich freilich nicht aufs Geldverdienen. Das Bildungsniveau ist hoch, immer mehr Mädchen studieren an den sieben Universitäten des Landes. Und auch während des Kriegs zeigten so manche Milizionärinnen, daß Schießen nicht nur Männersache ist. Die Libanesinnen versuchen, soweit es geht, zwischen westlichen Einflüssen und östlicher Tradition zu lavieren, einen eigenen Weg zu finden, ohne dabei gleich die eigene Femininität zu verleugnen.

Gesundheit

Hygieneprobleme gibt es hierzulande eigentlich kaum, so können Sie z. B. rohes Fleisch *(kibbeh nayyeh, fraqi)* unbesorgt (!) genießen. Das gleiche gilt für Obst vom Straßenhändler oder Eiscreme. Aufpassen sollten Sie hingegen beim Trinkwasser. So es denn fließt – in Privathäusern durchaus keine Selbstverständlichkeit –, ist es häufig durch im Krieg beschädigte oder einfach altersschwache Wasserleitungen kontaminiert. In Ihrem Hotel hingegen brauchen Sie keine übertriebene Vorsicht walten zu lassen; die meisten Herbergen verfügen über hauseigene Wasserfilter. Wer eine empfindliche Haut hat, kann beim Baden im Meer unter Umständen eine böse Überraschung erleben: Das Mittelmeer ist, obwohl man das meist nicht sieht, reichlich »verseucht«, Hautausschlag kann daher auftreten. Ansonsten ist am Meer, aber auch abends im Gartenrestaurant, ein Mückenschutzmittel dringend anzuraten, die Moskitos sind veritable Quälgeister. Bei Schlangen- oder Lizzardbissen: Suchen Sie vorsichtshalber umgehend einen Arzt auf! Das beste Mittel gegen derartige Tierchen, die Ihnen ohnehin nur an abgelegenen Plätzen, vorwiegend im Süden, begegnen werden: feste Schuhe und Lärm machen. In den Apotheken können Sie rezeptfrei jedes auch in Europa gebräuchliche Medikament erwerben – und das, nebenbei bemerkt, zu einem Bruchteil des europäischen Preises.

Islam

Mehr als die Hälfte der Libanesen bekennen sich inzwischen zum Islam, eine Folge der demographischen Entwicklung der letzten Jahrzehnte, aber auch begründet in der verstärkten christlichen Emigration der Kriegsjahre. Der moslemische Bevölkerungsteil gliedert sich in Sunniten und Schiiten, letztere stellen die zahlenmäßig größere Gruppe. Das innerislamische Schisma geht zurück auf den Streit um die Nachfolge des Propheten Mohammed. Im Gegensatz zu den eher orthodoxen, sich am Buchstaben des Korans orientierenden Sunniten erkennen die Schiiten die drei ersten Nachfolger Mohammeds nicht an. Ihrer Meinung nach hätte Ali, Schwiegersohn des Propheten, die direkte Nachfolge antreten sollen. Die *schiat ali* (Partei Alis), von der die Bezeichnung Schiiten kommt, entwickelte im Lauf der Jahrhunderte auch eine stärker allegorische Auslegung des Korans. Islam bedeutet wörtlich »Hingabe an Gott«, und der Koran, von Mohammed in Visionen empfangen, prägt denn auch das Alltagsleben eines gläubigen Moslems weit stärker, als es für säkular erzogene Europäer nachvollziehbar wäre. Dennoch ist die Mehrheit der libanesischen Moslems alles andere als radikal – Alkohol z. B. gibt es auch im moslemischen Westbeirut an jeder Ecke, in jedem Supermarkt oder Café, und dies ist im Vergleich zu anderen arabischen Ländern längst keine Selbstverständlichkeit mehr. Auch verschleierte Frauen werden Ihnen hier längst nicht so häufig begegnen wie anderswo in der arabischen Welt. Die Fundamentalisten, allen voran die schiitische Hisbollah und die sunnitische Tawhid/Jamia Islamiya, stützen sich nur auf eine Minderheit, die ihre Hochburgen in Baalbek, in den südlichen Vororten von Beirut und in der Altstadt von Tripoli besitzt. Seit den Parlamentswahlen von 1992 sind die Islamisten in der Volksvertretung präsent, doch ihr oft überzogenes Medienecho finden sie vor allem wegen ihrer Guerillaangriffe gegen die israelische Besatzung im Süden.

Kultur

Tanz und Theater, Kino und Literatur – die libanesische Kulturszene ist wieder erwacht. Im September 1998 eröffnete das Théâtre de Beyrouth bereits seine siebte Spielzeit nach dem Krieg. Roger Assaf, Raymond Gébara oder Jalal Khoury heißen die Autoren, die hier auch selbst inszenieren. 1993 schon bekam Intendant Elias Khoury Konkurrenz: Nidal Achkar, Renommierschauspielerin mit internationalem Ruf, gründete ihr Theater Masrah Al Medina. Eine *opéra maqâm,* eine Art Singspiel zu klassischer arabischer Musik, ist schon allein optisch ein Genuß. Das gleiche gilt für das Flaggschiff des libanesischen Tanztheaters, die Caracalla Dance Company, die schon wegen ihrer opulenten Kostüme ein Augenschmaus ist. Für den zeitgenössischen libanesischen Film stehen die 1994 verstorbenen Maroun Bagdadi und Samir Habchi. Ihre Werke beschäftigen sich zumeist mit der Aufarbeitung der Kriegsereignisse. Auch hier gibt es kaum Verständnisschwierigkeiten: Die Filme entstanden im französischsprachigen Ausland. Zu den meistgelesenen Schriftstellern gehört der Prix-Goncourt-Preisträger Amin Maalouf; wie die Lyrikerin Vénus Khoury-Ghatta schreibt auch er zumeist auf französisch. Wer sich für libanesische Literatur interessiert, kommt natürlich nicht an Gibran Khalil Gibran vorbei, dessen »Prophet« in jeder besseren Buchhandlung zu finden ist. Nadia Tuéni und Said Akl sind weitere herausragende Autoren. Weitaus volkstümlicher geht es überall beim *zajjal lubnani* zu, einer Art Wettstreit zwischen zwei Dorfpoeten: Einer ergänzt die Verse des anderen, je schlagfertiger, desto besser. Die Themen reichen von der Liebe über den letzten Dorfklatsch bis zur Politik.

Maroniten

Die Maroniten bilden die mit Abstand größte Christengemeinde. Ihre Ursprünge gehen zurück auf den Mönch und Einsiedler St. Maroun, um den sich im Orontestal im heutigen Syrien die ersten Anhänger scharten. Verfolgungen und theologische Meinungsverschiedenheiten mit Ostrom und den die Gegend beherrschenden Jakobiten (syrischen Christen) veranlaßten die Jünger von St. Maroun, in den hohen Bergen des Libanonmassivs Zuflucht zu suchen. Seit dem 6. Jahrhundert gilt das früher unzugängliche Wadi Qadisha als »Heiliges Tal« der Maroniten, die in ihrer Liturgie noch Spuren von Syriac erkennen lassen, der semitischen Sprache, die auf das zur Zeit Jesu gesprochene Aramäisch folgte *(qadisha* = heilig in *Syriac).* Die Maroniten sind Katholiken und seit Jahrhunderten mit Rom uniert, geführt werden sie von ihrem eigenen Patriarchen. Aus der einst kleinen Gemeinde von Bergbauern entwickelte sich die einflußreichste christliche Gemeinde des Libanon. Ihre vielfältigen Kontakte nach Europa

führten zur Entstehung der ersten Klosterschulen, die noch heute das Bildungssystem des Landes prägen. Während der Kreuzfahrerzeit unterstützten sie die Eindringlinge aus Europa, was die moslemischen Mitbewohner der Region übel vermerkten. Spannungen zwischen den Konfessionen gab es seither immer wieder, viele von ihnen sehen heute, nach dem Ende des Kriegs, ihren Einfluß schwinden, doch noch immer ist der Kesrouan, die Hauptregion der Maroniten, eine der reizvollsten Gegenden des Landes.

Musik

Schon wenn Sie nur ein kurzes Stück mit dem Taxi fahren, werden Sie unweigerlich der arabischen Musik begegnen. So gut wie jeder Taxifahrer läßt Radio oder Kassettenrecorder laufen. Die Halbtonschritte sind es, die die Melodik orientalischer Musik für viele Europäer so fremdartig klingen lassen. Zu den klassischen Instrumenten zählen Oud (Laute), Nay (Flöte) und Tabla (Trommel), und die Palette reicht dabei vom traditionellen Dabké (Rundtanz) aus den Bergdörfern über den Polit-Barden Marcel Khalifeh bis zu Feyrouz, der Grande Dame des libanesischen Chansons. Arabische Musik umfaßt wie die europäische Klassik und Schlager, Anspruchsvolleres und Seichtes. Wenn Ihnen der Sinn mehr nach Klassik steht: Besorgen Sie sich eine Kassette von Charbel Rouhanna, einem der begabtesten Oud-Talente des Libanon. Oder gehen Sie in ein Konzert von Nida Abou Mrad und seinem Orchester: *maqâm*-Tradition vom Besten, eine eigentlich uralte Musiktradition, die persische, indische und türkische Einflüsse mit arabischen Elementen mixt. Der *tarab,* der Musikgenuß, stellt sich dabei von ganz alleine ein, heute wie im Mittelalter, als die arabische Musik über das arabische Spanien auch Europa beeinflußte – der Begriff Troubadour fußt auf dem *tarab,* bei dem sich »das Innenleben des Musikers mit den geheimen Gärten der Zuhörer trifft« (Mrad). Zu den bedeutendsten zeitgenössischen Komponisten des Libanon zählen neben Mrad vor allem Romeo Lahoud und die Rahbani-Brüder, die häufig auch fürs Fernsehen oder für Theaterproduktionen komponieren.

Palästinenser

Mit der Staatsgründung Israels 1948 ergoß sich die erste große Welle von Palästinaflüchtlingen über den Libanon, 1967, in der Folge des Sechstagekriegs, kamen noch einmal Tausende. Heute leben rund 350 000 Palästinenser hier, zumeist in den insgesamt elf Flüchtlingslagern, die sich über das Land verteilen. Ain El Hilweh bei Saida ist mit knapp 100 000 Einwohnern das größte Lager des Libanon, die UN-RWA, das Uno-Hilfswerk für die Palästinaflüchtlinge, sorgt mit Lebensmittelpaketen dafür, daß niemand verhungert, bietet kostenlose medizinische Betreuung und unterhält Schulen. Dennoch führen die allermeisten ein sehr bescheidenes Leben am Rand der libanesischen Gesellschaft. Wann und ob die Palästinenser jemals zurückgehen können, ist ungewiß: »Gaza-Jericho«, das Abkommen zwischen der PLO

und Israel, schweigt sich über eine eventuelle Rückkehr der 48er-Flüchtlinge aus, doch gerade sie stellen die Mehrzahl der im Libanon lebenden Palästinenser. Wahrscheinlicher ist daher à la longue eine Implantation in die libanesische Gesellschaft, die das fragile Gleichgewicht der Konfessionen freilich belastet: Die Palästinenser sind mehrheitlich sunnitische Moslems, und weder Christen noch Schiiten sind bisher von der im Rahmen der nahöstlichen Friedensverhandlungen vorgeschlagenen Integration der Palästinaflüchtlinge begeistert.

Phönizier

Der Name Phönizier kommt aus dem Griechischen. Es war die Bezeichnung, die die Griechen ihren Handelspartnern an der Ostküste des Mittelmeers gaben. Erstmals am Ende des 4. Jahrtausends vor Christus werden die Phönizier in den Annalen erwähnt, wahrscheinlich kamen sie wie andere semitische Völker auch im Rahmen einer der großen Wanderungswellen in das Gebiet des heutigen Libanon. Handel und Wandel verhalfen ihren Stadtstaaten Byblos, Berytus, Sidon und Tyrus schnell zu wirtschaftlicher Blüte. Als bedeutendste kulturelle Leistung der Phönizier gilt jedoch die Einführung eines Alphabets, dessen Vorläufer sich in Mesopotamien, aber auch in den Urschriften des Sinai und Südarabiens, ihrer Handelspartner, lokalisieren lassen. Der Wirtschaftsaustausch mit dem Ägypten der Pharaonen, aber auch die politische Dominanz der Ägypter führten zu einem »ägyptischen« Stil in der

Die »Grüne Linie« – ein Ruinengürtel teilt Beirut

Kunst. Mehr östlichen, mesopotamischen Einfluß spiegelt die phönizische Tempelarchitektur mit der so charakteristischen Dreiteilung in Vorraum, Opferraum und Allerheiligstes wider. Zu den herausragendsten Göttergestalten phönizischer Mythologie zählen Baal und Astarte, die den griechischen Göttern Zeus und Aphrodite vergleichbar sind. Noch viel zuwenig weiß man bis heute über den Alltag in phönizischen Städten. Doch nach allem, was heute bekannt ist, war das antike Phönizien ein Schmelztiegel, der sich aus den Kulturen speiste, mit denen die Phönizier Handel trieben. Sie kopierten und wandelten ab, reichten nach Osten weiter, was sie aus dem Westen mitbrachten, und umgekehrt – Phönizien, am Schnittpunkt uralter Handelsstraßen gelegen und zudem jahrhundertelang unangefochtene Beherrscherin des Seehandels im Mittelmeer, erwies sich offenbar schon damals als Mittlerin zwischen Orient und Okzident.

Politisches System

Die Libanesische Republik, so der offizielle Name des Landes, war seit der Unabhängigkeit des Libanon eine Art Präsidialdemokratie. Die einst starke Stellung des Staatspräsidenten, der auch heute immer ein maronitischer Christ sein muß, wurde im Taef-Abkommen von 1989 zugunsten des (sunnitischen) Premierministers beschnitten. Der Parlamentspräsident (Schiit) sitzt der Volksvertretung vor, die 108 Abgeordnete umfaßt. Die umstrittenen Parlamentswahlen von 1992 brachten erstmals islamische Fundamentalisten in die »Place de l'Étoile«, wo das Parlament tagt. Die schiitische Hisbollah sowie die sunnitische Jamiaa Islamiya mußten indes bei den letzten Wahlen Federn lassen: Sie stellen nur noch knapp 10 Prozent der Abgeordneten. Einen garantierter Minderheitenstatus haben die Armenier. Die Amtsperiode des Staatspräsidenten währt sechs Jahre, eine Wiederwahl ist normalerweise nicht möglich. Zur Zeit ist dies Ex-Armeechef Emile Lahoud, dem die Integration der Milizen und der Wiederaufbau der Armee gelangen. Premier ist seit Dezember 1998 Dr. Sélim Al Hoss, den Parlamentsvorsitz hat Nabih Berry inne, Chef der schiitischen Amal-Bewegung. Da die Syrer mit rund 40 000 Mann im Libanon stehen, haben sie nicht unerheblichen Einfluß auf die Politik im Nachbarland. Israel, das einen Teil des Südens okkupiert hält, beeinflußt damit ebenfalls die innerlibanesische Szene.

Rauschgift

Während der Kriegsjahre erstreckten sich die Haschischpflanzungen in der Bekaa-Ebene bis hinunter zur Schnellstraße Beirut–Damaskus. Drogenherstellung und Drogenhandel sind zwar auch im Libanon per Gesetz verboten, doch der Krieg und der damit einhergehende Zusammenbruch der staatlichen Autorität ermöglichten den Rauschgiftexport in großem Stil. Damit ist es heute vorbei. Wer am Flughafen mit Rauschgift im Gepäck erwischt wird, wandert erst einmal ins Gefängnis, und die dortigen Verhältnisse sind alles andere als angenehm. Das heißt nun nicht, daß alle Produzenten auf einmal zu Engeln wurden: In der Bekaa-Ebene finden Sie auch heute noch *zahra,* die Blüte, die als die beste Qualität beim Haschisch gilt. Auch die harten Drogen Kokain und Heroin werden noch immer, in allerdings erheblich reduziertem Umfang, hergestellt, in »fliegenden« Koks- bzw. Heroinküchen. Doch gibt sich der libanesische Staat alle Mühe, diese Praktiken zu unterbinden. Ein schwieriges Unterfangen freilich, denn den Bauern, die am wenigsten an den Drogen verdienten, wurden bis heute mehr Versprechen als praktische Hilfe angeboten, um die in der Tat lukrativere Produktion von Haschisch- oder Mohnpflanzen zugunsten von Sonnenblumen, Tomaten oder Weizen aufzugeben. Wer es nicht lassen kann, findet daher auch heute noch, was er will. Doch machen Sie sich keine Illusionen: Falls Sie auffallen, ist es mit einem kleinen Bakschisch nicht (mehr) getan – diese Zeiten sind vorbei.

Verkehrsmittel

Abgesehen von den Überlandbussen nach Tripoli empfehlen sich für Touristen besser Taxis, weil sie doch erheblich bequemer sind. Eine libanesische Spezialität sind die sogenannten *service*-Sammeltaxis, zumeist alte Mercedes-Modelle, die mit bis zu fünf Fahrgästen unterwegs sind. Normaler Tarif innerhalb der Stadt Beirut: 1000 Lira. Ein Tip: Wer die hohen Kosten für ein offizielles Taxi scheut, nimmt statt dessen ein *service* und bezahlt gleich alle fünf Plätze, das kommt immer noch entschieden billiger. *Service* bedienen auch die Überlandstrecken Beirut–Damaskus, Beirut–Tripoli, Beirut–Saida, Saida–Tyrus. Am Barbir-Krankenhaus starten auch die *service* nach Tripoli, in Dora (Ostbeirut) finden Sie die *service* nach Jounieh oder Byblos, am Knotenpunkt Cola in Westbeirut sammeln sich die Fahrgäste für die Bekaa-Ebene (Chtaura, Baalbek, Damaskus) und nach Süden. Preisbeispiel: Beirut–Saida 4000 Lira pro Person für die einfache Fahrt. Ein fahrendes *service* anzuhalten ist nicht schwierig: Stellen Sie sich an den Straßenrand, rufen Sie dem Fahrer Ihr Fahrtziel zu, und wenn er nickt oder *Tla!* (Steig ein!) sagt, tun Sie wie geheißen, ohne Diskussionen über Preise. Während der Fahrt oder bei Ankunft reichen Sie ihm dann das Geld. Diskutieren Sie nie zuvor, dann nämlich haben Sie schon verloren. Und noch ein Hinweis: Neben dem ewigen Hupen erkennen Sie ein *service* auch an den roten Nummernschildern. *Service,* die reguläre Strecken bedienen, haben zudem ein dreieckiges Schild an der Windschutzscheibe, auf rotem und grünem Grund steht dort die Fahrtroute vermerkt – allerdings auf arabisch.

Wirtschaft

Schon die alten Phönizier waren gefürchtete Händler, und die Libanesen von heute stehen ihren antiken Vorfahren in nichts nach. Schon sprichwörtlich ist das Geschick, mit dem sie ihre weltweiten Handelsbeziehungen auch während der Kriegsjahre aufrechterhielten. Erst der Währungsverfall in der letzten Kriegs- und Nachkriegsphase brachte einen Niedergang, von dem sich das Land bis heute nicht erholt hat. Wirtschaftshilfe von außen ist daher unbedingt notwendig, um den Libanon wieder zu dem zu machen, was er einst war: führendes Handels- und Bankenzentrum des Nahen Ostens. Doch die ausländische Wirtschaftshilfe tröpfelt eher, als daß sie fließt, und auch die reichen Exillibanesen halten sich mit Investitionen zurück, solange die politische Lage im Rahmen der nahöstlichen Friedensverhandlungen nicht geklärt ist.

Zedern

Sie sind das Wahrzeichen des Libanon und zieren die Fahne des Landes und alle möglichen offiziellen Stempel. Die ältesten Exemplare finden sich oberhalb von Bscharré, und glaubt man den Einheimischen, so erreichen einige der Bäume das sagenhafte Alter von knapp 1000 Jahren. Zumindest mehrere Jahrhunderte alt sind jedenfalls etliche dieser Methusalems. Aus den abgefallenen Ästen und Zweigen – die Bäume zu fällen ist streng verboten – schnitzen die Bewohner der Gegend jede Menge Souvenirs. Was die Zedern so widerstandsfähig macht, ist ihr Duft: Das Holz verströmt ein ätherisches Öl, das auf holzfressende Insekten abstoßend wirkt. In biblischen Zeiten bedeckten ausgedehnte Zedernwälder große Teile des Berglands, ihr Holz war im pharaonischen Ägypten für den Schiffbau begehrt, und Salomon ließ sich für seinen berühmten Tempel in Jerusalem mit Zedernholz aus dem Libanon beliefern. Heute stehen nur noch insgesamt einige hundert Zedern in der kalten Höhenluft des Hochgebirges, erst in jüngster Zeit begann man mit systematischen Aufforstungen.

Mezze in 1001 Variationen

Die berühmten Vorspeisen werden in vielen kleinen Schälchen serviert

Essen

Die libanesische Küche ist die beste im gesamten Vorderen Orient – wer sie einmal probiert hat, hält dies nicht mehr für eine Übertreibung. Mezze heißt das Zauberwort, das Ihnen wie ein Sesam-öffne-dich eine wahre Fülle von Vorspeisen erschließt, die in vielen kleinen Schälchen serviert werden, begleitet von einem Glas Arrak. Libanons Nationalgericht heißt Tabbouleh: ein Petersiliensalat. Baba Ghanoush ist ein Auberginenpüree mit viel Knoblauch, Hummus Bi Tahini bedeutet Kichererbsenpüree mit Sesampaste. Wie Labnah, ein cremiger weißer Käse, wird es mit einem Schuß Olivenöl gereicht. An den Kibbeh, den gefüllten fritierten Pastetchen, kann man die Geschicklichkeit libanesischer Hausfrauen ablesen: Der Teig, der die Füllung umschließt, wird über dem Zeigefinger in der Handfläche so dünn wie nur möglich ausgezogen. Bei Kibbeh Nayah hingegen erwartet Sie eine Art Tatar à la libanaise: rohes Hack, mit feinem Burghul (getrockneten Weizenkörnern) vermischt, wird mit einem Schuß Olivenöl gegessen. Bei Fatayah und Sambousek handelt es sich wiederum um Teigtäschchen, entweder mit Spinat oder Hackmischung gefüllt. Fraqui ist eine Spezialität aus dem Südlibanon: rohes Hack, mit einer 7-Pfeffer-Mischung gewürzt, wird in kleine Rauten geschnitten serviert. Sfiha Baalbaki, der Name verrät es bereits, kommt aus Baalbek in der Bekaa-Ebene: kleine Teigquadrate mit scharfer Fleischfüllung, die man mit einem Spritzer Zitronensaft genießt. Weitere Appetithappen: gefüllte Weinblätter (Wara'anaab); Betinjan, scharf eingelegte kleine grüne Auberginen mit gehackten Nüssen; oder vielleicht Zaatar Ahdar, ein Salat aus wilden Thymianblättern.

Die Liste ist lang, und die Restaurants setzten früher ihren Ehrgeiz darein, bis zu 50 verschiedene Varianten von Mezze anzubieten, eine Tradition, die auch heute noch spürbar ist. Als Beilage wird üblicherweise Brot (*chubbes*) gereicht. Von den großen, hauchdünnen Fladen (entweder aus weißem oder

Markt in Baalbek

25

dunklerem Mehl) reißt sich jeder ein Stückchen ab und dippt es, als Schaufel gewissermaßen, in die Speisen.

Als Hauptgang – Sie sollten nie zuviel von den Mezze essen, denn sie sind nur als Entrée gedacht – folgt dann etwa Shish Kebab (Fleischspieße) oder Shish Tawuk (Hühnchenspieße), die von Tuum, einer delikaten Knoblauchsauce, begleitet werden. Es können aber auch Kufta sein, heiß servierte Hackfleischröllchen, den jugoslawischen Ćevapčići nicht unähnlich.

Fischgerichte, die Sie unbedingt probieren sollten, sind Sayadiyeh, ein Fischtopf mit Reis, Tahini-(Sesam-)Sauce und Pinienkernen, und Samaki Harra – »heißer Fisch«, so die wörtliche Übersetzung, wobei sich »heiß« auf den scharfen Pfeffer bezieht, mit dem der Fisch angemacht wird –, eine Spezialität aus Tripoli. Likuus heißt der Fisch, den Sie in Saida oder Tyrus probieren sollten. Der Süden ist berühmt für die Qualität der hier gefangenen Meeresfrüchte.

Die Desserts sind, wie überall im Orient, nichts für Kalorienzähler: Je süßer, desto besser! lautet hier die Devise. Aishta ist eine dicke Creme, die häufig mit Datteln serviert wird, aber auch mit Früchten der Saison. Bei Muhallabiyah handelt es sich um eine Art Pudding, ebenfalls mit frischen Früchten und Nüssen dekoriert. Aish Es Serail sieht aus wie eine Torte, mit viel Creme, Sahne und Pistazien obenauf. Wenn Sie in Tripoli sind, vergessen Sie keinesfalls, Snuud As Sitt (wörtlich: Damenarm) zu versuchen: kleine Teigröllchen mit süßer Cremefüllung.

Libanesisches Fast food ist eine Klasse für sich, schon morgens zum Frühstück geht es los mit Man'ushi: Teigfladen belegt entweder mit *zaatar* (Thymian und Sesam) oder *jibdé* (Käse). An jeder Ecke finden Sie eine Garküche,

---

Tabbouleh à la libanaise

Tabbouleh, den libanesischen Petersiliensalat, können Sie, zur Einstimmung oder als Erinnerung an Ihren Urlaub, auch zu Hause zubereiten: 1–2 Pfund Blattpetersilie, fein gewiegt (Stiele wegwerfen), mit einer Handvoll feinem Burghul (geschroteter Hartweizen, gibt es in Bioläden als »Bulgur« oder in türkischen Geschäften als »Bulgor«) vermischen und außerdem eine Handvoll frische Minzeblätter, fein gehackt, hinzugeben. 2–3 fein gehackte Frühlingszwiebeln sowie 2 Fleischtomaten, ebenfalls in kleine Stückchen geschnitten, beifügen. Mit Salz, Pfeffer und Sumac (das man auch weglassen kann) abschmecken. Mit einer Marinade aus dem Saft von 2–3 Zitronen und gutem Olivenöl anmachen. Wer's nicht ganz so säuerlich mag, ersetzt eine Zitrone durch eine Orange. Der Salat muß glänzen, als wäre er naß: wenn nötig, zum Schluß noch einen Extraschuß Olivenöl drübergeben. Tabbouleh wird mit Römersalat serviert, dessen Blätter als »Schaufel« benutzt werden – guten Appetit! *Sachtain!*, wie man im Libanon sagt.

die die Fladen auf dem *saj,* der traditionellen Metallhalbkugel, zubereitet. Hier gibt es auch Lachm Bi'ajiin, einen Fladen mit zuweilen scharf gewürztem Hackfleischbelag, und ebenso Falafel, fritierte »Buletten« aus Bohnenpüree, in einen Brotfladen gewickelt – ein überaus wohlschmeckender Imbiß für zwischendurch. Das türkische Döner Kebab heißt hierzulande Shawarma. Beim Shawarma dschjäsch erhalten Sie statt Hammelschnitzen welche vom Hühnchen mit ein wenig Salat und Knoblauchsauce ins Fladenbrot gerollt. Apropos Brot: In der Bekaa-Ebene finden Sie nicht nur das übliche Fladenbrot, sondern auch *chubbes tannour* – ganz dünnes, dunkleres Brot aus dem Ofen, gut mit Labnah oder Hummus zum Frühstück.

Trinken

Bei soviel gutem Essen darf ein guter Tropfen nicht fehlen – die libanesischen Winzer brauchen einen Vergleich mit ihren europäischen Kollegen nicht zu scheuen. Alljährlich im November verkünden große Reklametafeln an den Straßen: *Le kefraiya nouveau est arrivé* – ganz wie beim Beaujolais. Kefraiya heißt die Domäne am Südwesthang der Choufberge, den dort erzeugten Wein gibt es als Weiß-, Rosé- und Rotwein. Etwas weiter nördlich, bei Zahlé, ist ein weiteres berühmtes Weingut zu Hause: Ksara. Khalil Sara und seine Frau Jerry veranstalten in ihren ausgedehnten Kellern Führungen und natürlich Weinproben. Auch Ksara gibt es als Weiß-, Rosé- und Rotwein. Besonders empfehlenswert: Ksara Réserve du Couvent (rot). Château Musar heißt die Spitzenqualität des Libanon, die sich in guten Jahren durchaus mit dem Bordeaux messen kann, ebenfalls als Weiß-, Rosé- oder Rotwein erhältlich.

Arrak, ein Anisschnaps, wird vorzugsweise zu Mezze serviert. Viele Libanesen brennen ihn auch heute noch zu Hause in hervorragender Qualität.

Nach dem Essen müssen Sie sich entscheiden: Café blanc oder Café noir. Café blanc ist Orangenblütenwasser versetzt mit heißem Wasser, eine libanesische Spezialität. Café noir, d. h. hier *ahwa turqiyyah,* türkischer Kaffee, nicht wie Café blanc in kleinen Teegläschen, sondern in den typischen Täßchen serviert, aus denen Ihnen manche die Zukunft vorhersagen können. Bestellen Sie ihn *wassat,* d. h. mit etwas Zucker, denn ohne diesen *(Bidun sukkar* oder *murra)* ist der Kaffee manchmal wirklich reichlich bitter. Wollen Sie ihn aber lieber sehr süß, müssen Sie ihn *hilweh* ordern. Ein besonders duftender Genuß ist türkischer Kaffee, wenn er mit einem Tropfen Eau de fleurs d'oranges (Orangenblütenwasser) oder Kardamom *(häl)* aromatisiert wird.

Wer ein kühles Bier vorzieht, ist mit Almaza, dem führenden einheimischen »Pilsener«, gut bedient. Das lokale Mineralwasser enthält keine Kohlensäure und wird von vielen kleinen Läden schon vorgekühlt verkauft. Da hierzulande so gut wie alles importiert wird, brauchen Sie auf internationale Spirituosen natürlich nicht zu verzichten. Die Preise hierfür liegen ähnlich wie in Europa, Whiskey ist gelegentlich sogar billiger als daheim.

Alte Basare und schicke Boutiquen

Wählen Sie zwischen Orient und Okzident

Zu Recht wird der Orient für seine Basare gerühmt, und auch im Libanon müssen Sie nicht auf einen Basarbummel verzichten: Tripoli im Norden, aber auch Saida im Süden haben sich ihre Souks bewahrt. Beide Städte sind mehrheitlich moslemisch geprägt – Basar und Moschee bilden seit alters her das Zentrum einer orientalischen Stadt. Kein Zufall also, daß Sie in den christlich dominierten Landesteilen die Souks vermissen werden: Dort kopiert man die schicken Boutiquen europäischer Shopping-Center – zu europäischen Preisen. Ein Tip: So manche der gezeigten Modelle werden kopiert – in Bourj Hammoud, dem Armenierviertel Beiruts, wo man sie zu einem Bruchteil des Originalpreises kaufen kann.

Bourj Hammoud lohnt indes nicht nur wegen schicker Klamotten; in diesem Viertel konzentriert sich ein bedeutender Teil des nahöstlichen Goldhandels. In den zahllosen Schmuck-

Gläser, Stoffe und Keramik als begehrte Mitbringsel aus dem Libanon

geschäften rings um die Rue d'Arménie können Sie daran teilhaben. Weitere Fundgrube für Schmuckfans: der Goldsouk von Westbeirut. Im Orient gehört Handeln zum A und O, doch gerade im Libanon ist diese Gepflogenheit lange nicht so weit verbreitet wie in anderen arabischen Ländern. In allen Geschäften, deren Waren mit festen Preisen ausgezeichnet sind, sollte man das Feilschen ohnehin besser ganz unterlassen.

Wenn es Sie mehr zu den traditionellen Souvenirs des Orients zieht, dann sollten Sie allerdings schon die Souks von Tripoli, Saida oder Byblos abgrasen. Etwas für Antiquitätenliebhaber: Wirklich echte phönizische oder griechisch-römische Stücke finden sich nur selten im Handel, überdies ist ihre Ausfuhr auch strengstens verboten.

Dann gibt es die Ladenkette Artisanat du Liban. Dort finden Sie ebenfalls zum Teil gute alte Stücke und einheimisches Kunsthandwerk. Sonntags bleiben die meisten Geschäfte geschlossen, doch die Läden für den Alltagsbedarf öffnen trotzdem. Übliche Geschäftszeiten: 9–18 Uhr.

Opferfest – Osterfest

Die Feste feiern Christen und Moslems einträchtig nebeneinander

1. Januar *Neujahr*
9. Februar *Namenstag von St. Maroun*
1. Mai *Tag der Arbeit*
6. Mai *Fest der Märtyrer*
15. August *Mariä Himmelfahrt*
1. November *Allerheiligen*
22. November *Unabhängigkeitstag*
25. Dezember *Weihnachten*

An diesen feststehenden Tagen bleiben staatliche Institutionen, Banken, Botschaften etc. geschlossen.

WEITERE FEIERTAGE

Die Schließungsregelung gilt aber auch für die nachfolgend genann-

Die Marienstatue von Harissa und eine Zeder – beides nationale Symbole

ten religiösen Feste, die in jedem Jahr auf einen anderen Tag fallen:

Karfreitag der mit Rom unierten Christen 2.4.1999, 21.4.2000

Ostermontag der mit Rom unierten Christen 5.4.1999, 24.4.2000

Karfreitag der orthodoxen Christen 9.4.1999, 28.4.2000

Ostermontag der orthodoxen Christen 12.4.1999, 1.5.2000

Id Al Fitr (drei Feiertage zum Abschluß des Ramadan) 1999 ca. 18.1.–20.1., 2000 ca. 7.1.–9.1.

Id Al Adha (das Opferfest) 1999 ca. 28.3.–30.3., 2000 ca. 17.3. bis 19.3.

Islamisches Neujahrsfest 1999 ca. 17.4., 2000 ca. 6.4.

Ashoura-Fest 1999 ca. 25.4., 2000 ca. 14.4.

Geburtstag des Propheten Mohammed 1999 ca. 26.6., 2000 ca. 15.6.

Das Ashoura-Fest in Nabatiyeh

Wer gute Nerven besitzt und sich an blutverschmierten Gesichtern nicht stört: Zum Ashoura-Fest, dem höchsten Feiertag der Schiiten, wird Nabatiyeh zur Pilgerstätte. Auf einer riesigen Freilichtbühne werden in einer Art Passionsspiel Leiden und Sterben des Prophetenenkels Hussein in Kerbela im heutigen Irak (680) nachgestellt. Junge Männer, die sich in ritueller Selbstverletzung eine Kopfwunde beigebracht haben, umrunden im Laufschritt immer wieder den Platz mit der Bühne – ein in der islamischen Welt seltenes Schauspiel, da die bildliche Darstellung von Personen eigentlich verboten ist. Dem Anlaß angemessene Kleidung sollte sich von selbst verstehen.

»Beyrouth, ya Beyrouth«

Tausendmal zerstört, die Vielbesungene, doch neues Leben sprießt aus den Ruinen

Marcel Khalifeh und Feyrouz haben sie besungen – »Beyrouth, ya Beyrouth« –, die Stadt, die einst als das »Paris des Nahen Ostens« gerühmt wurde, in den Kriegsjahren aber auch zum Symbol für Tod und Trümmer abstieg. Noch immer spukt in vielen Köpfen die Vorstellung, Beirut bestehe vorwiegend aus

Leuchtturm (Manara) in Westbeirut

Ruinen, doch mit dem Wahrheitsgehalt von Klischees ist es so eine Sache, die Fernsehberichte spiegelten bestenfalls eine Facette dieser Stadt wider. Machen Sie sich klar, wie solche Bilder entstehen: Der TV-Reporter, meist frisch und nur für wenige Tage eingeflogen, postiert sich und die Kamera vor einer besonders malerischen, sprich schlimmen Ecke, liest seinen 90-Sekunden-Text, es folgt zur Untermalung noch ein

---

Hotel- und Restaurantpreise

Hierzulande rechnet man in US-Dollar, die unten angegebenen Kategorien verstehen sich daher wie folgt:

Hotels	**Restaurants**
Kategorie 1: über 100 Dollar	*Kategorie 1*: über 50 Dollar
Kategorie 2: 50 bis 100 Dollar	*Kategorie 2*: von 20 bis 50 Dollar
Kategorie 3: bis zu 50 Dollar	*Kategorie 3*: bis zu 20 Dollar

Die Preise gelten für eine Übernachtung pro Person inklusive Frühstück.
Achtung: Im Sommer nehmen viele Hotels an Geld, was immer sie durchsetzen können. Die Preise steigen dann häufig beträchtlich!

Die Preise gelten für ein Essen mit Vor-, Haupt- und Nachspeise sowie alkoholfreien Getränken; für (einheimischen) Wein, Bier oder Arrak sind durchweg bis zu 10 Dollar mehr einzuplanen, je nach Güte des Lokals und Ihrer Bestellung natürlich auch mehr.

Kameraschwenk auf die Ruinen ringsum – und Sie zu Hause vor dem Bildschirm glauben fast zwangsläufig, daß die ganze Stadt so aussieht. Und noch etwas: Nachrichten aus Beirut sind leider allzuoft nur dann eine *news,* wenn es wieder einmal knallt. Auch das verstärkt bei Ihnen daheim den Eindruck, hier gehe es ständig rund. Solange es ruhig bleibt, nimmt jedoch kaum ein Redakteur Notiz von der Stadt: Die Mär vom medienwirksamen »Trümmerhaufen« Beirut sagt mehr über die Macht der Medien als über die Realität dieser Stadt.

Das gleiche gilt für ein weiteres Lieblingsmotiv der Fernsehmitarbeiter: fanatische Hisbollah-Krieger, die ihre Kalaschnikows und schwarzen Fahnen schwenken und alle Westler das Gruseln lehren. Zwar gibt es diese Zeitgenossen, aber Sie müssen schon danach suchen, wenn Sie herkommen, darüber stolpern werden Sie nicht. Und ganz nebenbei, auch die meisten Libanesen finden diese Spektakel genauso

MARCO POLO TIPS FÜR BEIRUT UND DEN CHOUF

1 ==Basta Tahta==
Trödel und Antiquitäten, eine wahre Fundgrube für alle Schnäppchensucher (Seite 41)

2 **Beit Ed Din**
Der Palast des Emirs Béchir Chéhab – das Highlight im Chouf (Seite 45)

3 **Beqata**
Der drusische Friedhof des Dorfes vereinigt – was hier beinahe tröstlich ist – Symbole aller Religionen (Seite 46)

4 ==Bourj Hammoud==
Das Armenierviertel am Ostufer des Nahr Beirut; hier gibt es nichts, was es nicht gibt (Seite 41)

5 **Deir El Kamar**
Der Palast der Chéhab-Familie beherbergt heute das französische Kulturzentrum. Im traditionellen Stil restaurierter Ortskern (Seite 46)

6 **Mir Amin Palace Hotel**
Im ehemaligen Palast sollte man sich zumindest eine Kaffeepause leisten (Seite 47)

7 **Mukhtara**
Der Stammsitz der Familie Jumblatt steht zum Teil auch für Besucher offen (Seite 47)

8 **Place des Martyrs und Ruinen im alten Stadtzentrum**
Heute der Touristenanziehungspunkt Nr. 1 der Stadt (Seite 38)

9 **Sursock-Viertel und Musée Sursock**
Ein Hauch von Fin de siècle umweht die alten Großbürgerpalais (Seite 39)

10 **Taubengrotte (Grotte aux Pigeons)**
Eine Bootsfahrt um die Felsen gehört dazu (Seite 36)

abstoßend wie Sie. Langer Rede kurzer Sinn: Bangemachen gilt nicht, lassen Sie sich nicht abschrecken und machen Sie sich lieber selbst ein Bild.

BEIRUT

☛ **Stadtplan in der hinteren Umschlagklappe**

(112/A3) Wer im Flugzeug in der A-Reihe sitzt, genießt beim Landeanflug von seinem Fensterplatz aus die schönste ❖ Aussicht auf Beirut: eine weit ins Meer ragende Landzunge, dahinter die bis Anfang April schneebedeckten Berge. Wie viele Einwohner der Großraum Beirut heute zählt, ist mangels offizieller Zahlen nicht genau bekannt, Experten sprechen jedoch von etwa 1,5 Mio. Ew. Knapp die Hälfte aller Libanesen lebt also hier; die einen in Ruinen, die anderen hinter Prunkfassaden. Armut und Reichtum prallen hier unvermittelt aufeinander. Luxusboutiquen neben fliegenden Händlern, die auf ihren Karren alles mögliche feilbieten, von Haar- und Klobürsten über Kaffeekannen bis zum Parfüm. Ebenfalls vom rollenden Wagen erhältlich: Kak, ein runder Brotfladen mit Sesam oben drauf und Thymian innen drin. Schleier, Uniformen und Miniröcke sind im Straßenbild genauso vereint wie Kirchtürme und Minarette, Panzer und Checkpoints. Wer frühmorgens die Corniche, die Küstenstraße, entlangspaziert, trifft auf syrische Soldaten beim Training, auf Beirutis bei der Strandgymnastik oder beim Joggen, und Kaffee oder Tee als Muntermacher dazu gibt's alle zwanzig Meter aus einem zum Verkaufsstand umgerüsteten VW-Bus heraus.

Beirut, das ist Straßenstrich unter Khomeini-Postern, Müllhalden, die zum Himmel stinken, und gleich daneben der Yachtclub des St. Georges Hotel. In der zerschossenen Renommierherberge haben sich die Syrer eingerichtet, doch auf der Terrasse tummeln sich die Libanesen beim Sonnenbaden, oder sie fahren vor dem Hotel Bötchen. Beirut, das ist St. Nicolas mit seinen stilvollen Palais, das ist Ramlet El Baida mit seinen unzähligen neuen Apartmentblocks (Kostenpunkt pro Wohnung: bis zu 1,5 Mio. Dollar), das ist Haret Hreik, wo Scheich Fadlallah predigt – die Stadt und ihre Bewohner stecken voller Kontraste, aufregend und spannend, und eines ist gewiß: Langweilig wird es hier nie. Setzen Sie sich ins Straßencafé und schauen Sie dem Treiben zu: dem Polizisten auf der Kreuzungsmitte, der seine Mitbürger zum Einhalten von Regeln auffordert, an die er selber nur zur Hälfte glaubt; den schmuckbehangenen würdigen Matronen am Nebentisch, die in fließendem Französisch, aber mit arabisch rollendem »R« dem *garçon* ihre Bestellung aufgeben; den verkrachten Exilanten aus irgendeinem Winkel der arabischen Welt einen Tisch weiter, die bei unzähligen *ahwa turkiyya* und überquellenden Aschenbechern die nächste Revolution aushecken und sich darüber streiten, warum die letzte nicht geklappt hat. Dicke Schiitenmammis in langen Blümchenkleidern und Kopftuch flanieren, die zahlreiche Kinderschar um sich versammelt, ebenso vorbei wie ehrwürdige Drusenscheichs in ihren Shirwaal, den schwarzen Pluderhosen, oder Losverkäufer und Zeitungsjungen. Über allem der stetige Lärm von Autohupen – Beiruts Staus sind legendär, die Rush-hour zwischen 14 und 15 Uhr erfordert ein stoisches Gemüt.

Möchten Sie Beirut erkunden, sollten Sie zu Fuß gehen. Natürlich ins *Ruinenviertel rund um den »Bourj«,* wie die *Place des Martyrs* (**U/E2**), das Herz des alten Stadtzentrums, im Volksmund heißt. Schlendern Sie durchs *Hamra-Viertel* (**U/B–C2**), die heutige Innenstadt, oder durch *Basta Tahta* (**U/D–E3**), das recht volkstümliche »Flohmarkt«-Viertel. Ruhen Sie sich aus im *Park der AUB,* der American University of Beirut (**U/B1–2**) – sie besitzt den schönsten Campus des Nahen Ostens. Rings um die Uni finden Sie jede Menge Buchhandlungen, die internationale Zeitungen verkaufen. Deutschsprachige gibt es in der *Librairie Antoine,* direkt an der Hamra, oder in der *Librairie Internationale* im Centre Gefinor (**U/C2**), da, wo die MEA, aber auch andere Fluggesellschaften ihre Stadtbüros unterhalten. Bummeln Sie durch *Wadi Abu Jamil* (**U/D2**), das ehemalige Judenviertel von Beirut, heute von schiitischen Flüchtlingen bewohnt – oder besser behaust, denn die Straßenzüge besitzen regelrecht Slumcharakter, und sie vermitteln Ihnen einen Eindruck von den Lebensbedingungen jenseits der Glitzerfassaden. Die einzige Synagoge der Stadt steht ebenfalls dort. Ihr Dach wurde bei den israelischen Luftangriffen 1982 zerstört. Über dem Wadi Abu Jamil erhebt sich auf einem Hügel der frisch restaurierte *Alte Serail* (**U/D2**), einst türkische Kaserne, später Verwaltungssitz. Klettern

Sie einmal auf den ⚑ *Leuchtturm* (**U/A2**) Beiruts, gegen ein kleines Bakschisch (die Gehälter im öffentlichen Dienst sind schmal) wird man Sie die 240 Stufen auf die 50 m hoch gelegene Plattform hinauflassen, einen Aufzug gibt es auch. Die Aussicht vom Manara (arab. Leuchtturm), der auch dem umliegenden Viertel seinen Namen gab, lohnt sich. Gleich daneben liegt Beiruts *Goethe-Institut* (**U/A2**) – Vorträge und Ausstellungen, Konzerte und die Bibliothek tragen zum Kulturaustausch bei.

Wagen Sie sich auch auf das Wasser. Beim *Hotel Carlton* (**U/B3**) legen die Boote ab, die Sie rund um die ★ *Taubengrotte (Grotte aux Pigeons,* **U/A3**) fahren, Beiruts Wahrzeichen im Meer, zwei bizarr geformte Felsen vor der Küste.

Beim weiteren Rundgang durch die Stadt werden Ihnen römische Säulen auffallen, mal hier, mal da verstreut, vor dem Nationalmuseum stehen gleich mehrere. Sie wurden dorthin versetzt, als das Parlamentsgebäude an der Place de l'Étoile (**U/E2**) gebaut wurde. Apropos *Nationalmuseum* (**U/F5**): Dort verlief die Grüne Linie zwischen Ost- und Westbeirut, dort befand sich zuweilen der einzige Übergang zwischen den beiden Stadthälften, mit Scharfschützen und Artillerie ringsum, und so sah das Gebäude auch aus. Die komplette Restaurierung dauerte Jahre, der Finanzbedarf lag bei rund 4 Mio. Dollar, doch die Besichtigung der Innenräume ist jetzt wieder möglich *(Mi–So 10–17 Uhr, Eintritt 5000 Lira, Studenten 1000 Lira).* Die wichtigsten Stücke waren gleich zu Beginn der Kampfhandlungen ausgelagert worden,

Einschüssen durchlöchert, wie ein Schweizer Käse aussieht. Es erinnert an die Libanesen, die 1906 hier von den Türken hingerichtet wurden, weil sie für die Unabhängigkeit des Libanon eingetreten waren. Einige der nicht mehr restaurierbaren Ruinen wurden bereits gesprengt – kleine Straßenjungs, immer auf der Jagd nach ein paar Lira, werden Ihnen bunte Postkarten und Schwarzweißposter von »damals« anbieten, und am glitzernd verspiegelten Pavillon der Solidere, der Planungs- und Finanzierungsgesellschaft für den Wiederaufbau, wird man Ihnen erklären, wie der Platz demnächst gestaltet werden soll. Bis es soweit ist, wird erst einmal gegraben: Gleich an mehreren Stellen machten sich Archäologen ans Werk, um die Zeit, die bis zum eigentlichen Wiederaufbau noch vergehen wird, sinnvoll zu nutzen. Im August 1994 wurden erste phönizische Reste (Mosaike und Mauern) gefunden, viele weitere Schätze werden noch im Boden vermutet.

Der Ruinengürtel, der sich von hier, die alte Damaskus-Straße entlang, am Nationalmuseum vorbei hinzieht bis zu der Stelle, wo die Schnellstraße Beirut–Damaskus langsam die Berge erklimmt, wird bewohnt: Zumeist quartierten sich schiitische Hausbesetzer/Flüchtlinge aus den Dörfern am Rand der israelisch besetzten »Sicherheitszone« in den Ruinen ein. Besonders am Abend, wenn die Trümmerhäuser durch flackernde Glühbirnen erleuchtet werden, die lose von schwarz gespannten Stromleitungen baumeln, sieht man das deutlich. Was mit den Bewohnern der

Statue der Märtyrer in Beirut

Ruinen geschehen soll, steht noch nicht fest, nur daß sie irgendwann gehen müssen, um den Wiederaufbauern Platz zu machen. Wohin, ist bis auf weiteres offen.

Sursock-Viertel und Musée Sursock (U/F 3)

★ Im Krimkrieg machten die Brüder Ibrahim und Moïse Sursock ihr immenses Vermögen. Der unermeßliche Reichtum der Familie spiegelt sich noch heute in den Palais, die die Brüder für sich und ihre Nachkommen bauen ließen.

Wie verwunschene Schlößchen muten sie an, aus einer längst vergangenen Zeit, dem Roman eines orientalischen Marcel Proust entsprungen. Begeben

Sie sich auf die Suche nach der verlorenen Zeit à la beyrouthine. Diese Residenzen wurden Ende des letzten Jhs. stilbildend für Beiruts High-Society. Man kombinierte mit viel Geschmack orientalisches und europäisches Dekor, mit Perlmuttintarsien geschmückte Damaszener Möbel und Louis quinze oder seize, aus Frankreich importiert. Boiseriearbeiten im Mamelucken-Stil, welche die Fenster umrahmen, schmücken neben graziösen Säulen mit Stuckverzierung, wie sie in Marokko üblich waren, die Repräsentationsräume. Ibrahim Sursock baute das Palais, in dem heute das Musée Sursock untergebracht ist, sein Bruder Moïse ließ das Schlößchen errichten, in dem heute Lady Yvonne Sursock-Cochrane wohnt, Nachfahrin und Erbin der Familientradition. Die heute hochbetagte Dame setzt sich für den Erhalt des alten Beirut ein, kämpft gegen Betonklötze und Stadtsanierung mit dem Bulldozer. Dies tat sie schon während des Kriegs, ihre mutigen Ausflüge, die sie unter Beschuß auf die andere Seite unternahm, sicherten ihr auch im muslimischen Westbeirut wertvolle Freundschaften und Unterstützung für ihr Anliegen. Zumindest innerhalb des Viertels, das den Namen ihrer Familie trägt, konnte sie erste Erfolge verzeichnen – zur Freude der Touristen von heute. Es steht zu hoffen, daß mit Zunahme des Touristenstroms die Residenzen der Sursocks zumindest teilweise der Allgemeinheit zugänglich gemacht werden. Bis es soweit ist, muß der Besucher sich mit dem Museum begnügen, das neben seiner prachtvollen Architektur und Ausstattung wechselnde Ausstellungen zeigt. Es sind zumeist zeitgenössische libanesische Maler, die hier ausstellen, doch darüber hinaus gibt es auch Exponate zu verschiedenen Themen aus Kunst und Kultur. *Tgl. außer So 9–18 Uhr, Eintritt je nach Ausstellung*

Ein Tip: Beschließen Sie Ihren Rundgang mit einem Bummel über die Rue Gouraud, die Sie rechts vom Musée Sursock über die nach unten führende Treppe (Verlängerung der Rue St. Nicolas) erreichen. Dort ist ebenfalls noch einiges vom alten Beirut erhalten, dort finden Sie aber auch die Taxis, die Sie zurück in die Innenstadt oder zu Ihrem Hotel bringen.

RESTAURANTS

Abu Hassan (U/A 2)

Von außen sieht es nach gar nichts aus. Aber die Küche, libanesische Mezze vor allem, ist ausgezeichnet. Das Restaurant liegt im 1. Stock und ist sehr klein: Sie sollten deshalb früh dasein, wenn Sie einen Tisch ergattern wollen! Hier gibt es Fraqi, eine Spezialität aus dem Südlibanon. Übrigens: Syrische Geheimdienstler schätzen dieses Lokal auch. *Rue Salaheddin El Ayoubi, schräg gegenüber dem syrischen Checkpoint an der Ecke Rue Labban, Tel. 01/86 31 21, Kategorie 3*

Au Vieux Quartier (U/F 3)

Für viele immer noch das beste Restaurant der Stadt, französische Küche vom Feinsten. Probieren Sie die Bouillabaisse, jeden Freitag auf der Karte. Reservierung nötig! *Quartier Sursock, Montée Accaoui, Tel. 01/20 08 70*

*bis 72 oder 58 31 19 oder 33 45 88,
Kategorie 1*

City Café (U/B 2)

Zur Zeit Beiruts In-Restaurant Nummer eins. Journalisten, Politiker und sogar der Premierminister höchstpersönlich (seine Residenz liegt nur etwa fünf Minuten Fußweg entfernt) schauen hier gelegentlich vorbei. Mittags ist das Lokal häufig rappelvoll, abends sowieso. *Im Stadtteil Koreitem, nahe Raouche, Rue Sadat/Ecke Rue El Hussein, Tel. 01/39 24 62, Kategorie 2–3*

Le Chef (U/F 2)

Mitten im alten Sursock-Viertel. Die Mezze sind ausgezeichnet und trotzdem preiswert. Gleiches gilt auch für das Mittagsmenü *(Plat du jour):* Lamm mit Nüssen z. B. oder Hühnchenspieße sollten Sie probieren. *Rue Gouraud, Tel. 01/44 53 73, Kategorie 2–3*

Mijana (U/E 3)

Eine der Top-Adressen in Beiruts Osten. Libanesische Küche vom Feinsten in einer alten Villa – man möchte gar nicht mehr aufstehen. Einziger Wermutstropfen: die Rechnung. *Im Stadtteil Ashrafiyeh, Rue Abdel Wahab El Inglisi, Tel. 01/32 80 82, Kategorie 1*

Spaghetteria (U/C 2)

Italienische Küche vom Besten. Pollo alla cacciatore oder die verschiedenen Fischgerichte ißt man hier. Wer den Meerblick genießen will, muß jedoch früh da sein, denn das Lokal wird vor allem um die Mittagszeit gut frequentiert. *Ain El Mreisseh, an der Corniche (der Eingang ist auf der Rückseite, Rue Msouli), Tel. 01/36 34 87, Kategorie 2–3*

Sultan Brahim (O)

Ausgezeichneter Fisch und sehr gutes Hummus. Ebenfalls hervorzuheben: der Krabbensalat. *Im Vorort Antélias, direkt an der Autostrade (Küstenautobahn), Tel. 01/41 44 74 bzw. 75, Kategorie 2–3*

EINKAUFEN

Basta Tahta (U/D–E 3)

★ ◉ Auch Beiruts Flohmarkt geheißen; die Rue de Basta (erste Abzweigung rechts nach dem Tunnel der Avenue Fouad Chéhab, im Volksmund »Ring« getauft) führt mitten hinein in dieses sehr ursprüngliche, volkstümliche Viertel, das im Westen von den Straßen Bourj Abu Haidar und im Osten von der Rue Béchara El Khoury begrenzt wird. Trödel und Antiquitäten (keine phönizischen Stücke) gibt es hier zu sehr günstigen Preisen: Möbel, Spiegel mit den typischen Perlmuttintarsien, Glas oder Bilderrahmen. Die kleinen Hinterhofwerkstätten, wo die Sachen aufgearbeitet werden, sind eine wahre Fundgrube. Stellenweise besitzen die Straßenzüge hier Slumcharakter, doch weder daran noch an den Hisbollah- oder Amalfahnen ringsum sollten Sie sich stören – niemand beißt hier, doch Sie müssen immer noch damit rechnen, angestarrt zu werden. Touristen aus dem westlichen Ausland hat es hier lange nicht gegeben. *Rue de Basta*

Bourj Hammoud (O)

★ ◉ Nehmen Sie sich ein Taxi oder ein *service* bis nach Dora (ausgesprochen: Daura). An diesem Verkehrsknotenpunkt beginnt gleich rechter Hand die Rue d'Arménie mit ihren unzähligen Geschäften und Lädchen. Im Armenierviertel gibt es in der Tat nichts, was es nicht gibt, vor allem Textilien und Schmuck lassen sich hier äußerst günstig erwerben.

Schnuppern Sie ruhig durch die vielen kleinen Seitengäßchen – ein Hauch von Eriwan durchzieht die Straßenzüge, alte verhutzelte Männchen mit einem Akkordeon spielen für ein paar Lira auf dem Bürgersteig, zwischen Garküchen und Kramläden, schummrigen Werkstätten und glitzernden Schaufensterauslagen. Und vielleicht ist ja das armenische Restaurant Shahbaz an der Rue d'Arménie nach seiner Restaurierung bereits wiedereröffnet. *Rue d'Arménie*

Goldsouk (U/D–E 4)

Wer in Bourj Hammoud nicht fündig wurde, der findet vielleicht hier, im Goldsouk von Westbeirut, was er sucht. In den Rues Makhzoumi, Haddad und Zreik finden Sie hinter dem Barbir-Krankenhaus die einschlägigen Geschäfte, zwei ganze Ladenpassagen voller Gold einen. Die Preise hier liegen ähnlich wie in Bourj Hammoud, da der Goldpreis sich immer nach Gewicht und Tageskurs richtet, doch hier können Sie ein bißchen besser handeln als bei den Armeniern.

Innenstadt

Rings um die *Rue Hamra* (**U/B–C 2**) in Westbeirut, entlang der *Rue Abdel Wahab El Inglisi* (**U/E–F 3**) und im *Centre Sofil* (**U/F 3**, *Ecke Avenue Fouad Chéhab/Montée Accaoui*) im Ostbeiruter Stadtteil Ashrafiyeh finden Sie alles, was auch in Europa gut und teuer ist.

Alexandre (U/F 4)

Aus einer Ruine wurde wieder eine akzeptable Bleibe. *231 Zi., im Stadtteil Ashrafiyeh, Rue Adib Ishak, Tel. 01/20 02 42 oder 20 11 32 oder 32 57 36, Fax 01/42 58 70 oder 60 26 65, Kategorie 1–2*

Bristol (U/C 3)

Die Nobelherberge im zentralen Hamra-Viertel bietet fast Summerland-Komfort. Sonntags Brunch auf der ⚜ Dachterrasse – sehr zu empfehlen! *162 Zi., Rue Verdun, Tel. 01/35 14 01 oder 34 63 88, Fax 01/35 14 09, Kategorie 1*

Cavalier (U/C 2)

Mitten im Zentrum, von daher manchmal etwas laut. Gemütliche kleine Bar. *64 Zi., Hamra, Ecke Rue Mohammed Abdel Baki, Tel. 01/86 14 36 oder 35 30 01, Fax 01/ 34 76 81, Kategorie 2*

Commodore (U/B 2)

Der Journalisten-Treff während des Kriegs und danach. Komplett renoviert. *209 Zi., Hamra, Rue Commodore, Tel. 01/35 04 00, Fax 01/34 58 06 oder -07, Kategorie 1–2*

Lord's (U/A 2)

Billiger als die meisten anderen, doch dafür muß man auch Abstriche beim Komfort machen. Manche Zimmer haben allerdings trotzdem ⚜ Meerblick. *47 Zi., im Stadtteil Raouche, Rue Negib Ardati, Tel. 01/86 93 24 bzw. 34, Fax 01/86 93 24, Kategorie 2–3*

Mashrek (U/B 2)

Zentral, sehr (!) einfach, aber auch sehr billig. Gut für Traveller. *42 Zi., Rue de Hamra, Tel. 01/34 57 72 bzw. 73, kein Fax, Kategorie 3*

Mayflower (U/B 2)

Gute Mittelklasse in einer Seitenstraße der Hamra. *90 Zi., Rue
Nehme Yafet, Tel. 01/34 06 80 bzw.
83, Fax 01/34 06 80 oder 35 40 15,
Kategorie 2*

Méditerranée (U/A 2)

Gehobene Mittelklasse mit 🌂
Meerblick und Pool auf dem
Dach. *83 Zi., im Stadtteil Raouche,
direkt an der Corniche, Tel. 01/
60 30 15 bzw. 22 oder 86 28 12, Fax
01/60 30 14, Kategorie 1–2*

Riviera (U/A 1)

Gute Mittelklasse. *125 Zi., an der
Corniche, im Stadtteil Ain El Mreis-
seh, Tel. 01/36 24 80 bzw. 81, Fax
01/60 22 72, Kategorie 1–2*

Summerland (U/B 6)

Etwas außerhalb der Innenstadt
im Stadtteil Jnah, auf halbem
Weg vom Flughafen in die Stadt,
liegt Beiruts Luxushotel Nr. 1.
Wie eine kleine abgeschottete
Oase gibt sich der Hotelkomplex,
mit Swimmingpool am Meer, di-
versen Restaurants und eigenem
Supermarkt. Ein origineller offener Minibus fährt Sie vom Park-
platz hinunter zum Eingang. *151
Zi., Tel. 01/86 51 55 oder 31 79 40,
Fax 01/86 31 63, Kategorie 1*

Wienerhaus (U/B 2)

Innenstadtlage in einer Seitenstraße der Hamra. Kleiner Café-
garten vor dem Eingang. *64 Zi.,
Rue de Lyon, Tel. 01/35 00 50 bis
52, Fax 01/35 13 22, Kategorie 1–2*

BAUCHTANZ

Informieren Sie sich an Ihrer
Hotelrezeption oder durch die
Tageszeitung, wo die großen
Namen gerade auftreten.

AM ABEND

Blue Note (U/B 2)

Live-Musik bietet Fr und Sa
Beiruts Jazzkeller – mit einem
Wort: laut. Aber das liegt in der
Natur der Sache. Probieren Sie
den gewürzten Halloumé (Käse),
auch wenn Sie nicht zum Essen
hierher kommen. *So geschl., Rue
Makhoul, Tel. 01/35 04 26*

B-018 (O)

Funk, HipHop, Mainstream im
Orient-Dekor. Der Ex-Treff der
Beiruter »Szene« zieht neuerdings auch Yuppies an. DJ Naji
entschädigt Sie mit seiner Sammlung von 2000 CDs dafür, daß es
hier nicht viel zu essen gibt. *Im
Stadtteil Sinn El Fil, Rue Al Bassatin,
Do–Sa 18–8 Uhr, Tel. 03/80 00 18*

Cresus (O)

Nachtclub und Bauchtanzshow.
Die Stars Dany Boustros oder Samarra treten häufig auf. *Im Vorort
Antélias, an der Autostraße ausgeschildert, Tel. 01/41 52 24 oder 52 03 16*

Layalina (O)

Der Nachtclub des Summerland
Hotel, für reifere Herrschaften
mit der entsprechenden Brief-
tasche. *Im Stadtteil Jnah, Tel.
01/80 95 47 oder 31 92 19*

Masrah Al Medina (U/C 2)

Das Theater begründete 1993
Nidal Achkar, eine bedeutende
Schauspielerin des Libanon. *Rue
Clemenceau, Tel. 01/37 19 62*

Tanztheater Caracalla

Die Truppe hat kein festes Haus.

Théâtre de Beyrouth (U/C 2)

Wechselnder Spielplan. Hier inszenieren die Autoren der Stücke

Der Palast des Emirs Béchir II. in Beit Ed Din

teilweise auch selbst. *Ain El Mreis-seh, von der Corniche die Rue Ghanem hinauf, Tel. 01/34 39 88*

Aktuelle Infos zu den Spielplänen der drei genannten Theater finden Sie in der Zeitung oder an der Abendkasse.

TAGESZEITUNG

»L'Orient le Jour« heißt die führende französischsprachige Tageszeitung Beiruts. Sie enthält einen Überblick über das Veranstaltungsprogramm, in dem auch die Telefonnummern verzeichnet sind, und das aktuelle Kinoprogramm: In Beirut können Sie unbesorgt ins Kino gehen, da die Filme durchweg im Original mit Untertiteln gezeigt werden.

AUSKUNFT

Conseil National pour le Tourisme (**U/C 2**)
550 Rue Banque du Liban, gegenüber der Zentralbank, Mo–Fr 8–14, Sa 8–13 Uhr, Tel. 01/34 31 96 oder 34 59 66

REISEBÜROS

Nützlich, wenn Sie (geführte) Tagestouren ins Landesinnere planen:

Nakhal (**U/E 2**)
Avenue Sami Es Solh, Immeuble Chorayeb, Tel. 01/42 57 53 oder 42 68 80 oder 38 95 07

Translebanon Tours
*Im Stadtteil Ashrafiyeh, Sodeco (**U/F 3**), Tel. 01/21 98 31 oder 21 96 53 oder 58 22 37; Büro an der Hamra (**U/C 2**): Tel. 01/35 00 95 bis 97*

DER CHOUF

(**112/A–B 4–5**) Es gibt immer wieder Spötter, die behaupten, der ganze Libanon sei nichts weiter als ein Vorort von Beirut. Wahr ist daran zumindest, daß jeder Ort im Landesinneren bequem bei einem Tagesausflug zu erreichen ist. Ganz besonders gilt das allerdings für den Chouf.

Er liegt nur 45 Autominuten von Beirut entfernt und ist auf

bemerkenswert gut ausgebauten Straßen erreichbar: Drusenfürst Walid Bey Jumblatt war einmal Minister für Straßenbau. Von der Küste bis zum Gebirgszug des Jebel Barouk, knapp 2000 m hoch, erstrecken sich die Choufberge: Die Heimat der Drusen bietet auch heute noch in abgelegenen Dörfern die Atmosphäre von ehedem, obwohl in zunehmendem Maß Beton die Gegend verschandelt. Trotzdem bietet der Chouf beste Möglichkeiten, orientalisches Palastambiente kennenzulernen. Jahrhundertelang wurde der Mt. Liban von hier aus regiert. Egal, ob Sie von Damour aus oder via Aley den Chouf erklimmen – je höher Sie kommen, desto schöner wird die ❀ Aussicht, mal über bewaldete Berge bis hin zum schneebedeckten Mt. Sannine, mal runter auf die Küste und das Meer.

BESICHTIGUNGEN

Aley   (112/A–B 3–4)
Vor dem Krieg war dieser Ort die bevorzugte Sommerfrische der Golfaraber, die sich hier oft veritable Phantasieschlößchen in die Landschaft bauten. Durch die Kampfhandlungen hat Aley arg gelitten, doch die Restaurierung des Orts ist in vollem Gang, und manches (wie das Grand Hotel) erstrahlt bereits wieder in neuem Glanz.

Beit Ed Din   (112/A 4)
★ Hierher führen im Chouf alle Wege. Hauptattraktion des Orts ist der *Palast*, den Emir Béchir II. Chéhab hier Anfang des 19. Jhs. errichten ließ. Die Bauarbeiten dauerten 30 Jahre, italienische Architekten und Tausende von

Arbeitern schufen dieses Meisterwerk. Während des Kriegs stand das Bauwerk unter der Regie der inzwischen offiziell aufgelösten Drusenmiliz, die aber auch heute noch einen Teil des Wachpersonals stellt. Walid Jumblatt ließ hier etliches auf eigene Kosten restaurieren, an seinen Vater Kamal erinnert ein kleines *Museum* am Eingang. Im langen Gang zum Hauptgebäude finden inzwischen Wechselausstellungen und auch eine Waffensammlung Platz.

Die *Empfangs- und Repräsentationsräume* sprechen für sich: Marmormosaike, Stuck und Boiseriearbeiten sind hier zu bewundern. Im *2. Innenhof*, der zu Harem und Bäderhaus führt, dominieren Arkaden, die typischen vorkragenden Eckfenster und ein großer Springbrunnen.

Von der *Terrasse* aus hat man eine einmalig schöne ❀ Aussicht auf das Tal und den Nachbarort Deir El Kamar. In den ehemaligen *Stallungen* werden heute byzantinische und römische Mosaike gezeigt, die Stücke stammen aus der Umgebung, aus Jiyeh und Ouzai, Khaldé, Ansar und Saddaqiyeh.

Auch ein *Trachtenmuseum* hat der Palast zu bieten: Die noch heute von traditionellen Drusen getragenen Shirwaal, die schwarzen Pluderhosen, kommen hier zu Ehren, aber auch der Tantour. Das ist eine Art spitz zulaufendes Horn, zwischen 30 und 60 cm hoch, aus Horn, Silber oder Gold gefertigt und zum Teil mit Juwelen besetzt, das von frisch verheirateten Libanesinnen bis ins letzte Jahrhundert hinein auf dem Kopf getragen wurde. Von der Spitze herab floß ein langer

Schleier, weiß für die Drusinnen, schwarz bei den Maronitinnen. Wenn Sie Gelegenheit haben, im Juli/August hier vorbeizuschauen: Lassen Sie sich auf keinen Fall das ==Festival von Beit Ed Din== entgehen. Das Kultur-Highlight des Chouf umfaßt Ausstellungen sowie Gastspiele internationaler Stars – Freilichtauftritte vor beeindruckender Kulisse.

Besuchen Sie auch die *Gärten* des Palastes: zum Teil in französischem Stil streng symmetrisch angelegt, mit alten Zypressen und duftenden Rosenstöcken eine wahre Oase.

Seit 1861 befindet sich der ganze Komplex in Staatsbesitz. Der Palast war früher der traditionelle Sommersitz der libanesischen Staatspräsidenten.

Beqata (112/A 4–5)

Auf dem Weg von Beit Ed Din nach Mukhtara liegt dieses auf kaum einer Karte verzeichnete Dorf. Hier finden Sie den wohl bemerkenswertesten ★ *Friedhof* im Chouf: Das Design stammt von Kamal Jumblatt, der sich nicht nur mit Politik, sondern auch mit spirituellen Dingen befaßte, »Eingeweihter« der Drusen war und zu hinduistischen Gurus pilgerte.

Frucht seiner esoterischen Erkenntnisse ist unter anderem diese Ruhestätte, auf der sich steingewordene Symbole aller Religionen vereinigen, vom chinesischen Yin und Yang über altägyptische Lotosblüten bis hin zu islamischen Relikten – *ahad* (arab. eins) steht eingemeißelt auf dem Inneren eines kleinen Tempels, soll heißen, daß alle Glaubensrichtungen letztendlich eins sind. Der Friedhof ist normalerweise abgeschlossen. Er liegt direkt an der Kreuzung in der Dorfmitte, umgeben von einem hohen Gitter. Fragen Sie im Geschäft gegenüber, man wird Ihnen bereitwillig aufschließen und erklären, was es hier alles zu sehen gibt.

Château Mussa (112/A 4)

Am Rand der Straße, die von Deir El Kamar nach Beit Ed Din führt, erhebt sich linker Hand ein Schlößchen, Ausgeburt der Phantasie eines von mittelalterlicher Architektur begeisterten Libanesen, der es eigenhändig in Jahrzehnten erstellte, vom Innendekor bis zu den Spielzeugkanonen davor.

Deir El Kamar (112/A 4)

Der Name deutet es an: »Das Kloster des Mondes« war und ist noch heute die einzige mehrheitlich von Christen bewohnte Ortschaft im Chouf. Der pittoreske Ortskern wurde hübsch restauriert, manche Bewohner finden ihn ein wenig zu »hübsch«, sie sagen, ganz so malerisch sei es früher denn doch nicht gewesen. Deir El Kamar war Sitz der Fürstenfamilie der Chéhab, bis sich Emir Béchir den Palast von Beit Ed Din baute. In der Dorfmitte erhebt sich der alte ★ *Palast der Chéhab,* der freilich das französische Kulturzentrum beherbergt. Die Architektur stammt aus dem 17. und 18. Jh. Besuchen Sie auch die (am Minarett erkennbare) *Moschee* des Fakhr Ed Din nahebei, sie stammt ebenfalls aus dem 17. Jh. Die Fassaden von Deir El Kamar weisen oft die einst so typische Musterung auf: Tore und Fenster wurden früher häufig abwechselnd mit weißen und gelben Steinen, gelegentlich auch mit schwarzen umrandet: Selbst die schlichteste Tür wird damit zum Portal geadelt.

Mukhtara (112/B 5)

»Die Auserwählte«, so der Name des Dorfes, wird vor allem wegen des ★ Schlosses der Familie Jumblatt besucht, Feudalherren des Chouf seit vielen Generationen. Der imposante *Palast,* Ende des 18./Anfang des 19. Jhs. erbaut, ist leider nur in begrenztem Umfang für die Öffentlichkeit zugänglich. Er wird nach wie vor als Stammsitz der Familie genutzt, Drusenfürst Walid residiert hier und empfängt jeden Sonntag, wie seit alters her Brauch, die Notabeln des Chouf: ein bißchen wie im Mittelalter, als der regierende Fürst seine Lehensherren empfing.

Nasr-Khan El Mir

In Beit Ed Din liegt gleich neben dem Palast in einer alten Villa die Filiale des Beiruter Nasr-Restaurants. ❧ Ausblick auf Palast und Berge ringsum, gutes hausgemachtes Eis und orientalische Desserts. Mezze verstehen sich hier von selbst. *Mo geschl., Tel. 05/50 12 38, Kategorie 2*

Grand Hotel

In der ausgebrannten Lobby des imposanten Hotels parkten noch vor einigen Jahren syrische Panzer, doch inzwischen ist es trotz allem wieder voll funktionstüchtig. *85 Zi., im Ort Aley, Rue Gebeili, Tel. 05/55 47 60 bzw. 61, kein Fax, Kategorie 1–2*

Mir Amin Palace

★ Das Mir Amin ist das gastronomische Flaggschiff des Chouf und befindet sich in dem Palast, den Emir Béchir Chéhab einst für seinen Sohn Amin errichten ließ. Natürlich sind die Zimmer und Suiten nicht billig, aber Sie können im Café eine Pause einlegen und danach die wunderschöne Architektur betrachten. Rund um den Swimmingpool mit seinem orientalischen Muster am Grund wurden übrigens einige Szenen von Schlöndorffs Film »Die Fälschung« nach dem Roman von Nicolas Born gedreht. Genießen Sie die ❧ Aussicht von Terrasse und Café auf den Palast von Beit Ed Din. *22 Zi., auf einer Anhöhe oberhalb von Beit Ed Din, Tel. 05/ 50 13 15 bis 18 oder über die Beiruter Leitung 01/86 14 95, Fax 001/212/ 444-85 14 (New Yorker Leitung), Kategorie 1*

Die Marco Polo Bitte

Marco Polo war der erste Weltreisende. Er reiste in friedlicher Absicht, verband Ost und West. Er wollte die Welt entdecken, fremde Kulturen kennenlernen, nicht zerstören. Könnte er für uns Reisende des 20. Jahrhunderts nicht Vorbild sein? Aufgeschlossen und friedlich sollte unsere Haltung auf Reisen sein. Dazu gehören auch Respekt vor Mensch und Tier und die Bewahrung der Umwelt.

WWF

La Côte des Dieux – die Küste der Götter

Ein quirliges Nachtleben und die Geschichte aus mehreren Jahrtausenden erwarten Sie

Kesrouan und Metn-Nord sind die am dichtesten besiedelten Regionen des Libanon und auch die touristisch am besten erschlossenen. Das Bergland des Metn östlich von Beirut gliedert sich in Nord und Süd, durch den Metn-Fluß getrennt. Die südliche Hälfte wird von Drusen bewohnt. Rings um die einst beliebten Ausflugsziele Bhamdoun und Sofar wird fleißig wieder-aufgebaut.

Der nördliche Teil blieb zwar auch nicht vom Krieg verschont, doch ansonsten bietet gerade diese Region noch ein bißchen heile Welt. Die Atmosphäre der Vorkriegszeit ist in den Bergdörfern noch gut erhalten, trotz der vielen neuen Betonklötze. Fahren Sie einmal quer durch die Berge, von Broumana über Bikfaya nach Baskinta am Fuß des Mt. Sannine. Die ❧ Aussicht ist phantastisch, mal aufs Meer, mal auf die Berge. Bizarre Felsformationen bei Reyfoun, ein Skiparadies in Faraya – die Berge sind für viele der landschaftlich schönste

Der schönste Teil von Byblos: das Hafenviertel

Teil dieser Region. Doch auch die Küste lohnt sich: beim Nahr El Kelb, dem »Fluß des Hundes«, in dessen Tal sich auf steinernen Tafeln fast alle Invasoren des Libanon verewigt haben, geht es in den Kesrouan; der Tunnel hier markiert optisch die Grenze (die Tafeln kann man sehen, wenn man gleich nach dem Tunnel rechts abbiegt).

In Jounieh mit den Vororten Kaslik und Maameltein hat man schon nicht mehr das Gefühl, in der arabischen Welt zu sein, schicke Boutiquen, Restaurants und Nachtclubs sind vom Feinsten (die Preise auch). Wiedereröffnet wurde 1997 das Casino du Liban, das einstige Highlight des quirligen Nachtlebens rund um die Bucht von Jounieh. Bereits seit Sommer 1995 offen ist wieder die ★ Grotte von Jeita, eine der größten Felsgrotten der Welt, die z. T. wieder per Boot durchquert werden kann. Sie diente einst als Munitionsdepot. *Hinter dem Tunnel am Nahr El Kelb die erste Abzweigung rechts (ausgeschildert), tgl. 8–18 Uhr, Eintritt 16000 Lira.* Kontrastprogramm am Meer: die Badebuchten und Strände, gesäumt von »Chaletburgen«. We-

MARCO POLO TIPS
FÜR KESROUAN UND METN

1 Byblos
6000 Jahre Geschichte
rings um den Hafen
(Seite 52)

**2 Disco-hopping
für eine Nacht**
Von Kaslik bis Maameltein
blüht das Nachtleben
(Seite 56)

3 Grotte von Jeita
Eine der größten Fels-
grotten der Welt (Seite 49)

4 Harissa
Die Kathedrale Notre
Dame du Liban hoch über
Jounieh ist die Wallfahrts-
stätte Nr. 1 des Libanon
(Seite 55 und 57)

**5 Tal des Nahr
Ibrahim/Grotte von Afqa**
Die Legende von Venus
und Adonis lebt; wandeln
Sie auf den Spuren des
schönen Mannes (Seite 54)

niger Betuchte gehen an die öffentlichen, nicht immer sauberen
Strände. Bei Tabarja schiffte sich
einst der Apostel Paulus gen
Griechenland ein, zumindest der
St. Paul Beach Club erinnert
noch daran. Dieser »Christen-
kanton« hat auch seine frommen
Seiten: Mehr als 200 Orden und
Kongregationen will hier mal jemand gezählt haben, und fast auf
jedem Hügel steht eine Kirche.

Schätze ganz anderer Art hat
Byblos zu bieten, steinerne Reste
aus sechs Jahrtausenden warten
auf Sie, aber auch der beste Sandstrand weit und breit. Ein Muß ist
das Tal des Nahr Ibrahim, in der
Antike Adonis-Fluß geheißen.
Die Grotte von Afqa, der er entspringt, ist ein idealer Platz für
ein Picknick in der Natur.

Den Tag beschließt man hier
am besten in einem der Freiluft-
restaurants in den Bergen oder
am Meer. Entweder unter Pinien,
in denen die Zikaden zirpen (nur
die Männchen verursachen, nebenbei, diesen für die klitze-
kleinen Insekten erstaunlichen
Lärm), oder mit dem Duft des
nahen Wassers in der Nase: Seit
es Strom wieder mehr oder
weniger rund um die Uhr gibt,
glitzern die Lichter entlang der
Küste wie in alten Zeiten, und
auch Sie werden dann verstehen, warum Lokalpatrioten diese
Ecke als *Côte des Dieux,* als Küste
der Götter, bezeichnen. Leben
wie Gott in Frankreich kann man
hier nämlich noch immer, wenn
man ein wenig Kleingeld mit-
bringt.

BEIT CHEBAB

(**112/B3**) Enge gewundene Gassen.
Neben der Atmosphäre bietet das
4 km von Bikfaya entfernte Dorf
im Metn vor allem ortstypische
Keramik, die Sie mit nach Hause
tragen können, und Glocken-
gießereien, deren Produkte Sie
doch vielleicht lieber dalassen. In
dem Dorf – als einziges mit dem
Recht zum Glockengießen ausge-
stattet – werden die Werkstätten

vom Vater auf den Sohn vererbt. Schöne ⏮ Aussicht auf die Küste und hinüber zum Kesrouan.

BEIT MERY

(**112/B 3**) Pittoresker alter Ortskern, ein im Wortsinn hervorragendes Luxushotel, ein Kloster und die Überreste eines römischen Aquädukts: alles in dem und um das auf rund 700 m Höhe über Beirut im Metn liegende kleine Dorf. Den *Aquädukt* (arab. Qanatir Az Zebeideh) oder das, was davon übrig ist, sehen Sie rechter Hand im Tal des Nahr Beyrouth, wenn Sie von Beirut aus über Mkalles die Berge erklimmen. Unterhalb der Straße, die zum Hotel Bustan führt (ausgeschildert), geht es (hinter dem syrischen Checkpoint) rechts zum *Kloster Deir El Qalaa,* das auf den Fundamenten einer phönizischen Kultstätte errichtet wurde, die schon die Römer überbauten: Säulenreste und Mosaiken künden heute von ihrer Präsenz. Hier oben liegt Ihnen – sofern die Syrer ihre Sperrung bereits aufgehoben haben – die ganze Küste zu Füßen: sehr guter ⏮ Ausblick.

RESTAURANT

Al Jdoudna
Gute libanesische Küche in typisch libanesischem Haus. *An der Hauptstraße, die weiter nach Broumana führt, Tel. 04/97 15 06 oder 97 10 70, Kategorie 2–3*

HOTEL

Bustan
Das unübersehbare Luxushotel (96 Zi.) bietet auch das sehr empfehlenswerte Restaurant Il

Giardino. *Tel. 04/97 04 00 oder 96 08 66 oder 0 01/212/478-13 90 (New Yorker Leitung), Fax 04/ 97 24 39, Kategorie 1 (Hotel) und Kategorie 2 (Restaurant)*

BIKFAYA

(**112/B 3**) Größtes Dorf am Nordhang des Metn, Heimat der Gemayel-Familie, die zwei Präsidenten stellte – das Schild »Présidence« weist (ganz ohne Ironie!) den Weg, falls Sie den Familienbesitz beehren wollen. Ansonsten zu besichtigen: Serail der Abillama-Fürsten aus dem 19. Jh.

BROUMANA

(**112/B 3**) Das langgestreckte Dorf, das auf 800 m Höhe im Metn liegt, gilt als begehrtester Platz im Sommer, viele Libanesen unterhalten hier Zweitwohnungen oder -häuser, um der feuchten Hitze an der Küste zu entfliehen. Restaurants und Nachtclubs en masse, an den Sommerabenden herrscht auf der kleinen Hauptstraße so viel Verkehr wie zur Rush-hour auf der Beiruter Hamra. Trotz reger Neubautätigkeit steht noch etwas vom alten Ortskern (oberhalb der Hauptstraße). Gute ⏮ Aussichtspunkte gibt es an jeder Ecke.

BESICHTIGUNG

Abillama-Palais
Die Familie Abillama beherrschte im Lauf des 19. Jhs. den christlichen Teil des Mt. Liban. Die ehemalige Residenz dieser Emire dient heute als Schule der Sœurs de la Charité und liegt an der östlichen Seite der Hauptstraße.

Ghoul's

Die gleichen Mezze wie im Kasr Fakhr Ed Din, aber zum halben Preis. Kleine Gartenterrasse mit Blick auf die Küste. *Im Dörfchen Roumieh unterhalb von Broumana; am besten, Sie nehmen von Beirut aus die Straße, die am Gefängnis von Roumieh entlang nach oben führt, dann gibt's kein Vertun. Nur mittags 10.30–14 Uhr, Tel. 04/96 19 44, Kategorie 3*

Kasr Fakhr Ed Din

Ein kleines Palais wurde zum Restaurant, die Küche hält, was das Haus verspricht. Terrasse mit Blick zum Metn-Süd. Hervorragende libanesische Mezze. Probieren Sie Fromage aux thym et olives und all die anderen guten Sachen. *Von der Hauptstraße aus dem Schild folgen, Tel. 04/96 04 07, Kategorie 2*

Mounir

Exzellente Mezze auf einer Terrasse mit Blumen, Wasserspielen und Nargilehs (Wasserpfeifen). Blick aufs Meer. *Broumana, ein großes Schild an der Hauptstraße weist den Weg, nur Mai–Okt., Tel. 04/96 16 16, Kategorie 2*

Safari

Broumanas bester Snack: Shawarma, Shish Tawuk & Co. *Hauptstraße, Tel. 04/96 12 70, Kategorie 3*

Belvédère

Mittelgroß, mittlerer Komfort und mittlere Preise. *33 Zi., an der Hauptstraße, Tel. 04/96 11 03, kein Fax, Kategorie 2–3*

Printania

Führendes Haus am Platz. *76 Zi., an der Hauptstraße, Tel. 04/96 04 16 bis 19, Fax 04/60 11 25 bzw. 35, Kategorie 1*

Achtung: Im Sommer nehmen die Hotels an Geld, was immer sie durchsetzen können!

Klöster Mar Chaaya, Mar Elias Chouaya, St. Jean de Choueir (112/B 3)

Alle drei Klöster sind sehenswert und liegen oberhalb von Broumana ☙ in den Bergen. Nehmen Sie sich am Hotel Printania ein Taxi. Kosten: ca. 15 000 Lira.

BYBLOS

(110/A 5) ★ Das im Kesrouan gelegene Byblos (arab. Jbeil) ist zweifellos ein Kleinod des Libanon. Sobald Sie die Kreuzfahrerzitadelle erreichen, sehen Sie, was den Charme des Städtchens ausmacht. Nach Süden hin erstrekken sich die alten Souks. Die Ladenpassagen aus ottomanischer Zeit sind zu einer hübschen Fußgängerzone gestaltet worden, man findet lokales Kunstgewerbe neben Gegenständen des Alltagsbedarfs. ❖ Einheimische wie Touristen durchstreifen die Gassen gleichermaßen. Nördlich der Zitadelle zieht sich am Meer entlang bis zum Fischerhafen das wohl schönste Viertel der Stadt, die heute vielleicht 100 000 Ew. zählt. Eine Kirche aus der Kreuzfahrerzeit, vor allem aber die vielen kleinen Privathäuser mit ihrer ottomanischen Architektur, mit Bogenfenstern und Arkaden, mit blumengeschmückten Innenhöfen und Mandalouns, den so typischen Doppelfenstern mit einer Säule in der Mitte, mit offenen Treppen, die die kleinen Wege verbinden: Hier lohnt es sich spazierenzugehen. Am Hafen findet jeden August das Byblos-Festival statt: mit der Zitadelle und römischen Tempelresten im Hintergrund eine stimmungsvolle Kulisse für Pop und Klassik.

BESICHTIGUNGEN

St. Jean-Marc
Die Kirche aus der Kreuzfahrerzeit (Baubeginn 1115) vereint romanische, aber auch lokale und byzantinische Stilelemente. *Von der Zitadelle aus die 3. Quergasse nach links*

Zitadelle
Praktischerweise ist hier gleich alles vereint, was das antike Byblos zu bieten hat: phönizische Nekropole, römische Überreste und natürlich die imposante Festung selbst. Während des Festivals gibt es Freilufttheater im römischen Amphitheater – mit dem Meer und der untergehenden Sonne als schönstem Bühnenbild. *Tgl. 8–18 Uhr, Eintritt: 750 Lira*

RESTAURANTS

Abiechmou
Beste libanesische Familienküche und Disko unterm Dach in einem alten, geschmackvoll restaurierten Haus. *Gegenüber der Zitadelle, Tel. 09/94 04 84, Kategorie 3*

Fishing Club
Pepe Abed, der Besitzer, ist eine lokale Institution. Sein Lokal ist, was Dekor und Ambiente angeht, sicherlich das schönste hier. *Direkt am alten Hafen, dort, wo die Böotchen anlegen, Tel. 09/94 02 13, Kategorie 2*

HOTELS

Ahiram
In einer ruhigeren Seitenstraße, letzte Abzweigung rechts, bevor Sie den Hafen erreichen. Das Interieur wird dem Namen des Phönizierkönigs nicht gerecht,

Byblos: Schon der Anblick bürgt für den Reiz dieser Stadt

dafür ist es preiswert. *25 Zi., Tel. 09/94 04 40 oder 94 15 90, Fax 09/94 47 26, Kategorie 3, kann im Sommer kurzfristig teurer werden!*

Byblos-sur-Mer

Direkt am alten Hafen mit schönem 🌿 Ausblick. Zuweilen geht es hier recht laut und lebhaft zu. *40 Zi., Tel. 09/94 03 56 oder 32 39 19, Fax 09/94 48 59, Kategorie 2*

SPIEL UND SPORT

Sandstrand

🏃 ⛱ Der besonders an Wochenenden bis zum Bersten gefüllte Strandabschnitt liegt südlich der eigentlichen Stadt. Nehmen Sie ein *service* die alte Küstenstraße entlang. Dort, wo das ausgedehnte Schilf beginnt, geht's rechts runter in die Dünen.

ZIELE IN DER UMGEBUNG

Für alle drei aufgeführten Ziele gilt: An der Place de la Municipalité von Byblos ein Taxi nehmen! Kosten: ca. 10 000 Lira.

Annaya   (110/A 5)

Hoch oben in den Bergen über Byblos liegt der dem heiligen Charbel geweihte Wallfahrtsort. Am 17. Juli, dem Geburtstag des Heiligen, ist hier schwer was los, doch auch sonst lohnen sich die phantastische 🌿 Aussicht, die Landschaft ringsum und ein Besuch im Restaurant *Al Sindiani:* Mezze und sehr gute Salate aus Hühnchen, Ruqa und wildem Thymian. *An der Hauptstraße, kein Tel., Kategorie 3*

Laqlouk   (110/B 5)

Im Winter Ski fahren, im Sommer wandern oder sich ausruhen und abschalten. Und das alles hoch in den Bergen, umgeben von allerlei Milchvieh: Laqlouk ist bekannt für seine Joghurts und Labnahs. Im rustikalen *Hotel und Restaurant Shangri-La,* das im Stil einer traditionellen Bauernunterkunft gehalten wurde, gibt es pro Tag nur ein Menü (12 Dollar). *An der Hauptstraße, Tel. 09/94 09 95, Fax 09/94 57 17, Kategorie 3*

Tal des Nahr Ibrahim   (110/A–B 5)

★ Sobald Sie die störenden Steinbrüche am Taleingang hinter sich lassen, beginnt die so überaus reizvolle Landschaft: eine tiefe Schlucht, steile bewaldete Hänge, Blumenteppiche vor allem im März/April, Überreste von Venus-Tempeln: In der Antike gab es hier etliche Kultstätten an Wasserfällen entlang bis hinauf zur *Grotte von Afqa,* wo der Fluß entspringt.

Der Legende nach fand Venus hier ihren Liebhaber – Adonis war Libanese. Ein Erbgut, das Sie, liebe Leserin, noch heute genießen können: Sie treffen hierzulande bemerkenswert viele auffallend gutaussehende Männer. Der bei der Jagd tödlich verletzte Adonis starb hier auch. Venus verwandelte sein Blut in Blumen; die wild wachsenden Adonisröschen (Anemonen) erinnern daran, vor allem aber der Fluß. Alljährlich färbt sich sein Wasser rötlich, vom Blut des Adonis, sagen die Einheimischen, vom Eisenoxid in der Erde, das sich bei der Schneeschmelze im Wasser löst, sagen die Geologen, denen offenbar der Sinn für Romantik fehlt. Das Tal ist ein idealer Platz zum Picknick, und ganz besonders romantisch wird's hier in Vollmondnächten.

JOUNIEH

(112/B 2) »Hauptstadt« des Christen-
kantons. Aus dem einstigen Fi-
schernest erwuchs während des
Kriegs eine Stadt, die mit ihren
Vororten Kaslik und Maameltein
heute rund 350 000 Ew. zählt.
Entsprechend wurde und wird
gebaut: neue Betonkästen überall, vom alten Ortskern steht nur
noch die Küstenstraße. Frankreich ist hier ganz besonders in:
Zum Frühstück gibt's in jeder
boulangerie croissants au chocolat oder
jambon begleitet vom *café au lait*
und der Tageszeitung »L'Orient
le Jour«. Der 1. April beschert Ihnen einen *poisson d'avril* aus Scho-
kolade. Und zur *nuit de Ste Barbe,*
dem Fest der heiligen Barbara,
steckt man hier keine Zweige in
die Vase, sondern verkleidet sich
– Maskenbälle in allen Nachtclubs und Diskos. Fürs Nachtleben war »swinging« Jounieh
schon immer bekannt, doch ge-
betet wird hier auch: Die *Univer-
sité du St Esprit* in Kaslik wird vom
maronitischen Mönchsorden geführt, der Heilige Geist beflügelt
hier allerdings nicht nur die Ge-
lehrsamkeit, hier wird auch
handfeste Politik betrieben.

Hoch oben über der Stadt
thront die ★ Kathedrale von Harissa. *Notre Dame du Liban* ist ein
Kristallisationspunkt der Maroniten wie auch *Bkerké,* ein
Stückchen unterhalb, der Amtssitz des Patriarchen. Ansonsten
geht es hier weniger fromm zu in
den Hunderten von Diskos, Restaurants und Bars. Die Küstenstraße nach Maameltein kennt
sogar Straßenstrich.

Wer auf sich hält, wohnt nicht
im Hotel, sondern besitzt ein
Chalet. Man kann diese Chalets
auch mieten, das kommt erheblich billiger, abgesehen von der
Hauptsaison (Mai bis Sept.). Wer
an den Strand will, muß Eintritt
zahlen, fast jedes Café an der Küstenstraße verfügt über einen
kleinen privaten Strandabschnitt,
wobei es sich meist um einen Be-
tonsockel im Meer handelt, gar-
niert mit Sonnenschirm und
Liegen. Wenn Sie wirklich baden
wollen, gehen Sie lieber nach
Byblos.

RESTAURANTS

Al Qasi (auch: El Assaf)
Natürlich ißt man in diesem
Gartenrestaurant in den Bergen
Mezze. *An der Straße nach Ara-
moun, bei der Abzweigung Kfour
geradeaus weiterfahren! Drei Lokale
liegen hier nebeneinander, es ist das
erste, wenn Sie von unten kommen. Tel. 09/90 65 71 oder 82 05 95,
Kategorie 2–3*

Café Toni
In einem alten Gewölbe, ein paar
Tische stehen auf dem Bürger-
steig. Beliebteste Eiskreation ist
»Turbo«, mit Früchten und viel
dicker Aichta (Sahne). *An der
Hauptstraße gegenüber von La Presse
(internationale und deutsche Presse),
Tel. 09/93 61 42, Kategorie 3*

Crêperie
Crêpes und Galettes in einem alten Haus, das auf einem Felsen
über dem Meer thront. Perfekte
❀ Aussicht auf die Bucht, Disko im Keller. *An der Küstenstraße
zwischen Kaslik und Jounieh, Tel.
09/91 24 91, Kategorie 2–3*

Don Carlos
Spanische Spezialitäten. Paella
natürlich, aber probieren Sie auch

die Geflügelkroketten als Entrée! *Im Vorort Maameltein an der Hauptstraße gelegen, Tel. 09/91 26 90 oder 93 56 37, Kategorie 2*

Le Relais

Sehr gute Snacks für zwischendurch am Strand und angenehme Fruchtsaftcocktails, alles zu zivilen Preisen. *Direkt am Rondpoint, dort, wo Haupt- und Hafenstraße aufeinandertreffen, Tel. 09/83 01 44, Kategorie 3*

HOTELS

Aquarium

Gut, aber nicht zu teuer. An der Hauptstraße in Maameltein. *60 Zi., Tel. 09/93 68 58 oder 91 14 67, Fax 09/93 50 98, Kategorie 1–2*

Centre Amwaj

Die einzige der Chaletburgen, wo Sie die Chance auf Unterkunft haben, da es viele Mietchalets gibt. Unbedingt rechtzeitig (Februar/März) anmelden! Die Chalets werden zum Monatspreis vermietet, je nach Größe und Saison zwischen 300 und 1500 Dollar. Im Zentrum von Jounieh, mit Einkaufspassage und schönem Garten am Meer. *120 Chalets, 40 Zi., Tel. 09/91 87 00 bzw. 01 oder 91 87 02 bzw. 03, Fax 09/89 66 04, Kategorie 1–2*

Century Park

Internationaler Standard im feinen Vorort Kaslik. *70 Zi., an der Hauptstraße, Tel. 09/93 89 78 oder 83 27 20 oder 83 20 62, Fax 09/93 81 97, Kategorie 1*

Montemar

An einer ruhigen Seitenstraße im Vorort Maameltein (aber Vorsicht: Der Ort kann sehr laut werden). *57 Zi., beim alten Ortskern geht es rechts 200 m den Berg hoch, Tel. 09/ 91 81 34, Fax 09/91 28 03, Kategorie 2*

AM ABEND

Casion du Liban

Rien ne va plus, dazu Restaurants, Bars und der Nachtklub Baccarat ziehen Ihnen auch den letzten Dollar aus der Tasche. Abendgarderobe! Von der Küstenautobahn ausgeschildert. *Tel. 09/93 29 32 oder 01/60 45 55 (Beiruter Leitung)*

Equinox

★ ★ Jouniehs In-Disko für die Jeunesse dorée. Viele junge Leute. *Sarba El Chir, Tel. 09/93 30 53*

Jet Set

Hier tummeln sich auch ältere Semester auf der Piste. *Chaletsiedlung Tabarja Beach, Tel. 09/91 27 05 bis 07 oder 93 15 10*

La Salsa

★ Straßencafé und Bar an der Hauptstraße von Kaslik. Sehen und Gesehenwerden lautet hier die Devise. *Tel. 09/83 23 87*

Shark's

Im Sommer wird auch rund um den Swimmingpool getanzt. *Im Centre Amwaj, Tel. 09/93 58 78*

ZIELE IN DER UMGEBUNG

Faraya   (112/C 2)

Größtes Skigebiet des Kesrouan, 15 Autominuten oberhalb des Orts starten die Skilifte. Die Landschaft allein lohnt aber auch im Sommer einen Besuch.

Schönste Ferienanlage ist der *Faqra Club* mit 250 Chalets und 28 Zimmern und dem *Restaurant Au-*

Skifahren im Nahen Osten? In Faraya ist es möglich

berge de Faqra. Rund um römische Tempelreste können Sie hier Ski fahren oder langlaufen. *15 Autominuten von Faraya, Tel. 01/88 55 90 bis 93 (Beiruter Leitung) oder 09/71 02 91 bis 93, Fax 01/88 42 64 oder 09/71 02 93, Kategorie 1–2*

In Faraya selbst liegt die rustikale, kleine und familiäre *Pension Le Coin Vert. 24 Zi., an der Hauptstraße, Tel. 09/95 09 03 oder 91 03 89, kein Fax, Kategorie 2–3*

Der Weg nach Faraya führt durch eine leider nicht mehr unberührte Felsenlandschaft, aber sobald Sie die Hauptstraße verlassen, erheben sich bizarre Tuffsteingebilde. Bei den Orten *Reyfoun* und *Ajaltoun* beginnt das Felsenmeer vulkanischen Ursprungs. Gut übernachten können Sie im *Hotel St. Roch* in Reyfoun. *80 Zi., am Rondpoint rechts nach ca. 100 m, Tel. 09/95 00 76 bis 78, kein Fax, Kategorie 2*. Feine libanesische Familienküche bietet das *Restaurant Toscana* an der Hauptstraße von Ajaltoun. *Tel. 09/95 04 46 oder 95 25 40, Kategorie 2*

Nach Faraya nehmen Sie am besten ein Taxi. Gut 20 Dollar kostet der Trip schon, denn der Ort liegt knapp 40 km von Jounieh entfernt.

Harissa (112/B 2)
★ Die Kathedrale überblickt die gesamte Bucht, und die Marienstatue direkt daneben kann erklommen werden: einmalig schöner ☙ Ausblick auf Jounieh und die Küste von Beirut und Byblos. Sie können mit der Seilbahn von Jounieh aus auf die 600 m Höhe von Harissa fahren. Der *téléférique* startet kurz hinterm Hotel Aquarium in Maameltein. Am oberen Haltepunkt gibt es das *Restaurant Téléférique* mit libanesischer Küche. *Tel. 09/93 39 15, Kategorie 3*

Ein kurzes Stück vor der Kathedrale von Harissa erhebt sich die *Basilika St. Paul* mit vielen Kuppeln und einem Kloster des Paulanerordens. Kirche und ☙ Aussicht sind sehenswert, die Klosterbibliothek ist es auch. Anfahrt mit Taxi, wenn Sie nicht die Seilbahn nehmen – die kleinen Kabinen sind nicht jedermanns Sache. Kosten: 10–15 000 Lira.

Orient pur

*Souks und Basare, Burgen und Klöster, Moscheen und
Medressen – lebendiges Mittelalter*

Der syrische Checkpoint beim
Dorf Barbara kurz vor Batroun
an der Küstenstraße markiert
zwar nicht geographisch, wohl
aber praktisch die »Grenze« zwischen Kesrouan und dem Nordli-
banon. Bis Barbara kontrollierten
einst christliche Milizen das Gebiet, dahinter begann der unter
syrischem Einfluß stehende Norden. Hauptanziehungspunkt für
Touristen ist hier natürlich Tripoli, die zweitgrößte Stadt des
Libanon, deren Einwohnerzahl
die 500 000er-Marke inzwischen
wohl überschritten hat.

Die wichtigsten Sehenswürdigkeiten lassen sich dort durchaus an einem Tag »abhaken«,
doch der Norden bietet noch
einiges mehr. Allein entlang der
Küstenstraße, bzw. in kurzer Entfernung davon, liegen das Kloster
und die Universität von Bala-
mand, das »Belmont« der Kreuzfahrer beherbergt heute eine von
griechisch-orthodoxen Mönchen
geführte Hochschule. Auch Deir
Al Nourieh sollten Sie nicht links
liegenlassen. Es liegt zwar buch-
stäblich zu Ihrer Linken, wenn
Sie den Tunnel von Chekka erreichen, doch der ❀ Ausblick
von hoch oben auf die Küste ist
höchst sehenswert. Klöster aus
alter Zeit gibt es auch im Wadi
Qadisha, doch schon allein die
grandiose Landschaft (als Beloh-
nung gewissermaßen) und am
Ende des Tals die letzten Zedern
lohnen den Abstecher. Und wer
in Batroun keine Limonade getrunken hat, der war nicht in Batroun. Das Städtchen steht bei
den Libanesen hoch im Kurs wegen der wirklich guten Zitronen-
limonade, die die Einwohner
herstellen.

Auch hinter Tripoli hört die
Welt nicht auf: Der Norden bietet hinter Tripoli, entlang der
Straße, die zur syrischen Grenze
führt, etwa 10 km Sandstrand
und Dünen. Auch Ökofreaks
kommen im nördlichen Teil des
Libanon auf ihre Kosten, denn sie
können gleich zwei Naturschutz-
gebiete erkunden: Die sogenannte Kanincheninsel vor der
tripolitanischen Küste, aber auch
der uralte Waldbestand von Ehden hoch in den Bergen wurden
unlängst zu Naturreservaten er-
klärt. Ökologisches Gedanken-
gut ist im Libanon durchaus
nichts Neues, aber wieviel in dieser Hinsicht noch zu tun bleibt,
demonstrieren die Zementfabriken von Chekka auf höchst an-
schauliche Weise: Ihr weißer
Staub (Filter gibt es kaum) färbt
zuweilen die Umgebung, je
nachdem, wie und ob der Wind

Die Große Moschee in Tripoli

vom Meer weht. Sayidet Er Rih, Notre Dame du Vent, heißt denn auch sinnigerweise eine kleine Kapelle nahebei im Dörfchen Enfeh. Sie stammt allerdings bereits aus der Kreuzfahrerzeit, und auch ihr Name, versichern die Einheimischen durchaus glaubwürdig, sei keineswegs neueren Datums.

BALAMAND

(110/B3) Die Zisterzienserabtei wurde 1157 gegründet, doch die heutigen Bewohner, griechischorthodoxe Mönche, berichten, ihre Kirche habe schon lange vor den Kreuzfahrern, die die Zisterzienser mitbrachten, hier ein Kloster unterhalten. Die Moslems, so sagen sie, hätten ihnen die Anlage nach der Vertreibung der Kreuzritter zurückgegeben. Der ausgedehnte Komplex beherbergt eine Universität. Einen besonders schönen ✺ Ausblick auf die Küste und die Ölbaumkulturen ringsum bietet der Friedhof. *Anfahrt über die Küstenautobahn Beirut–Tripoli, Abzweigung hinter Enfeh, Richtung Qalhat*

BATROUN

(110/A4) Der kleine, fast nur von Maroniten bewohnte Ort galt früher einmal als Piratennest. Die Ursprünge von Botrys, so der griechisch-römische Name, reichen bis in phönizische Zeiten. Die Tafeln von Tell El Amarna belegen dies. Geblieben sind der kleine Fischerhafen und die felsige Küste, doch vor allem die Limonade ist der Grund, weshalb heute die Besucher kommen: Sie wird an jeder Ecke in kleinen Imbißbuden angeboten.

San Stefano Beach

Es ist das schönste Hotel des Städtchens, wobei der Begriff »Beach« etwas irreführend ist: Sandstrand gibt es keinen, dafür aber Felsen und eine hervorragende Küche. *70 Chalets, 30 Zi., Tel. 06/64 03 66 oder 64 15 40 oder 64 23 66, kein Fax, Kategorie 2*

DEIR AL NOURIEH

(110/A4) ★ Das »leuchtende Kloster«, so die Übersetzung von Deir Al Nourieh, thront auf dem steil ins Meer abfallenden, stellenweise schneeweißen Kliff von Ras Esch Chekka. Seinen Namen verdankt das Kloster mit der wunderbaren ✺ Aussicht wohl dem Leuchtfeuer, das hilfsbereite Nonnen für in Seenot geratene Schiffe entzündeten – so jedenfalls geht die Klosterlegende. Anfahrt: direkt hinter dem zweiten Tunnel von Chekka rechts ab, links über die Brücke und dann noch zweimal rechts. Man fährt ein Stückchen zurück, um auf das Plateau des Kliffs zu gelangen.

ENFEH

(110/A3) Auf einer kleinen Landzunge, die dem Ort den Namen gab (Enfeh heißt Nase), ziehen sich bis hin zum Kloster Deir Al Natur Relikte aus der Kreuzfahrerära und aus byzantinischer Zeit. Hier steht auch die Kapelle Notre Dame du Vent.

Kloster Deir Al Natur

Bekannt geworden ist das Dörfchen Enfeh vor allem durch das

Kloster Deir Al Natur (Kloster des Wächters) am südlichen Ortsende, das Sœur Catherine im Lauf der Jahre höchstselbst restaurierte. Es stammt, wie so vieles in dieser Gegend, aus der Zeit der Kreuzritter. Besonders niedrig geraten sind die Türen zu den Klosterzellen: Die Mönche sollten Bescheidenheit lernen und sich beugen, so Sœur Catherine. Sie und Madame Ronayheb, die im nunmehr komplett restaurierten Bau seit 1987 eine Schule für geistig behinderte Kinder und Jugendliche betreiben, freuen sich über Besuch. Böse Zungen lästern indes, daß das Kloster seinen Namen Père Gerges verdankt, dem über achtzigjährigen Curé, einem lokalen Original.

TRIPOLI

(110/B 3) Die Salinen (Flachwasserbecken zur Meersalzgewinnung) ziehen sich die Küste entlang bis zu den Vororten von Tripoli (180 000 Ew.), unterbrochen von den neuerdings wie Pilze aus dem Boden schießenden *complexes balnéaires* (eine vornehme Umschreibung für die Chaletsiedlungen). Jenseits dieser »Kunstwelt« erhebt sich die eigentliche Stadt, ganz wie in alten Zeiten in drei Teile gegliedert. Der Name kommt aus dem Griechischen: Tri-polis = 3 Städte. Ein Hinweis auf die Siedlungen, die dem phönizischen Handelsplatz zugrunde lagen: Tyrener, Sidonier und Bewohner von Arad siedelten als erste hier. Das heutige Tripoli besticht vor allem durch seine mittelalterliche Altstadt, die ein bißchen an Kairo erinnert. Kein Zufall, denn die Mamelucken waren es, die einige der schönsten Bauwerke schufen. Tripoli ist der einzige Ort im Nahen Osten, wo mameluckische Architektur außerhalb von Kairo in diesem Umfang erhalten blieb.

MARCO POLO TIPS FÜR TRIPOLI UND DEN NORDEN

1 Deir Al Nourieh
Das »leuchtende Kloster« hoch oben auf dem schneeweißen Kliff von Ras Esch Chekka bietet eine phantastische Aussicht (Seite 60)

2 Kreuzfahrerzitadelle und islamische Altstadt von Tripoli
Moscheen, Medressen, Hamams und Souks – das Mittelalter hat sich lebendig erhalten (Seite 64)

3 Kanincheninsel
Sie ist mit ihren Schwestern ein ökologisches Reservat vor der Küste (Seite 64)

4 Schloß von Akkar
Ritterburg aus der Kreuzfahrerzeit (Seite 67)

5 Wadi Qadisha
Die Wiege der Maroniten, ein Kloster reiht sich ans andere, aber besuchen Sie unbedingt auch die letzten Zedern! (Seite 68)

Gekrönt wird die Altstadt von der Zitadelle, die Raymond de St. Gilles 1100 errichten ließ. Er würde sie heute wohl kaum noch wiedererkennen, so sehr zerstörten sie andere nach ihm und bauten daran herum. Jenseits des Qadisha-Flusses (die Araber tauften den Fluß Abu Ali) zieht sich der Stadtteil Kubbeh den Berg hinauf. Die engen, verslumten Gassen gelten als Hochburg der sunnitischen Fundamentalisten. Zum Hafen hin erstreckt sich dann das moderne Tripoli, mit Boutiquen und Restaurants und mit Geschäften, wie sie auch in Europa überall zu finden sind. Am Hafen (arab. *el mina*) steht die Tour de Lion, zusammen mit anderen Wachttürmen errichtet als Ausguck für eventuelle Angriffe von See. Die Kreuzritter hatten

sich, nachdem sie Tripoli verlassen mußten, auf dem nahen Zypern einquartiert, sie kamen zwar nie wieder, doch gegen die Truppen des Ottomanen-Sultans Selim I. halfen auch die Türme nichts: Tripoli wurde, wie der Rest des heutigen Libanon, türkisch. Auch die Ottomanen hinterließen interessante Bauwerke: Besuchen Sie einmal das Hamam Al Jadid. So neu, wie der Name sagt *(jadid* = neu), ist es keineswegs, doch es wird heute noch benutzt und ist voll funktionsfähig. Die anderen Bäder der Stadt sind noch wesentlich älter, zusammen mit Koranschulen *(medressen),* mit 17 Moscheen und mehreren Khans lassen sie Sie teilhaben am lebendigen Mittelalter. Bummeln Sie durch den Khan El Khayatin, die 60 m lange

Die Ruine der von Raymond de St. Gilles errichteten Zitadelle in Tripoli

und von meterhohen Arkaden gekrönte Karawanserei der Schneider: Dort finden Sie auch heute – wieder – die Schneider, die im typischen Schneidersitz in ihren Geschäften hocken. Die Anlage wurde mit deutscher Hilfe unlängst restauriert. Spazieren Sie um die Große Moschee herum: Ihr Minarett ist beste lombardische Architektur, der Turm diente einstmals als Uhr- und Kirchturm der Kathedrale Ste Marie, den Vorbildern in Italien zum Verwechseln ähnlich. Eine ägyptische Reminiszenz: die Maschourabija-Fenster, die den Frauenraum vor unbefugten Blicken abschirmen sollen. Wenn Sie wirklich alle Sehenswürdigkeiten der Altstadt kennenlernen wollen, sollten Sie schon etwas Zeit mitbringen. Leider sind viele der Monumente in einem Zustand, der nur durch baldige Restaurierung zu bessern ist. Der (jüngste) Krieg hemmte diese so notwendigen Arbeiten, auch Tripoli blieb von den *événements,* wie die Libanesen den Bürgerkrieg dezent umschreiben, nicht verschont. Ein Platz, wo Sie bestimmt viele Einheimische treffen, ist der ✛ Fluß: Ein veritabler Freiluftbasar ist rechts und links vom Nahr Abu Ali entstanden. Hier gibt es alles und jedes, es herrscht lautes, fröhliches Gedränge und Geschiebe zwischen Kochtöpfen und Pfannen, Stoffen und Schuhen, Obst und Gemüse. Das Geschrei der Händler (und ihrer Kunden) wird nur noch vom Gehupe der Autos übertönt, die sich in Richtung Hafen durchzwängen. Daß es hier nicht besonders sauber ist, sollte Sie nicht stören. Andere Länder, andere Sitten.

BESICHTIGUNGEN

Große Moschee

Von der Place du Tell, dem zentralen Platz der Stadt, rechts am Serail vorbei, dann links. Tripolis größte Moschee enthält diverse Überreste westlicher, sprich der Kreuzfahrerarchitektur. Das heutige Minarett (1294) demonstriert dies am anschaulichsten.

Hamam Al Jadid

Auch Hamam El Abed genannt, aus osmanischer Zeit (1627) und wie das Hamam An Nouri nach wie vor frequentiert. *Wenn Sie die Khatuniyeh-Medresse in südlicher Richtung verlassen bei der ersten Querstraße rechts, bis es nicht mehr geradeaus geht. Zu Ihrer Linken steht dann das Bad.*

Hamam An Nouri

Eine Unzahl von Glastropfen läßt das Licht ins Innere des seit mehr als 600 Jahren in Betrieb stehenden kuppelüberwölbten »Meeres«. *Links direkt hinter der Großen Moschee*

Hamam Ezzedin

Ältestes Bad der Stadt. 1289 direkt nach der Vertreibung der Kreuzfahrer errichtet, ist es zur Zeit wegen Restaurierung geschlossen. Emir Ezzedin orientierte sich an römischen Vorbildern: ein Vorraum, in dem man sich an- bzw. auskleidet, mit einem großen Brunnen in der Mitte, dann die »heiße« Abteilung, die auch individuelle »Naßzellen« umfaßt, wo man nach dem Bad massiert wird. Grüne und blaue Glastropfen in den Kuppeln zaubern auch hier ein Spiel mit dem Sonnenlicht ins Innere. Beachten Sie den Eingang:

Über der Tür sehen Sie ein Osterlamm und die Inschrift *Ecce agnus Dei:* ein Relikt der Kreuzfahrerzeit. *Gegenüber der Burtasiyah-Moschee, direkt am Fluß*

Kanincheninsel

★ Eigentlich sind es drei Inseln, dem Hafen von Tripoli vorgelagert. Den Namen (arab. Jaziret El Araneb) erhielt das größte dieser unbewohnten Eilande, weil die Franzosen hier einmal zur Gewinnung eines privaten Jagdgeländes eine Kaninchenkolonie ausgesetzt haben sollen, die sich selbstredend rasant vermehrte. Heute stehen alle Inseln unter Naturschutz, viele Zugvögel brüten hier oder nutzen die Inseln als Rastplatz vor der Weiterreise. Auch gibt es viele interessante Pflanzen, besonders Algen, und selbst die rare Grüne Mittelmeerschildkröte fand hier Unterschlupf. *Nehmen Sie sich am Hafen einen Führer (ohne ihn dürfen Sie die Insel nicht betreten), der organisiert auch das Boot, das Sie hinbringt.*

Khan El Khayatin

Das große Gebäude an der Brücke über den Fluß ist der Khan der Schneider, das einzige bisher restaurierte Handelshaus aus dem 15. Jh. Haus ist freilich eine Untertreibung: Innen drin hat eine ganze Gasse Platz, mit Geschäften auf beiden Seiten und meterhohen Arkaden. *Vom Haupteingang der Großen Moschee aus rechts und dann immer geradeaus, bis Sie die weiße Kuppel der Burtasiyeh-Moschee rechter Hand vor sich haben*

Khan El Manzil

Die älteste Karawanserei des Libanon (14. Jh.) ist zwar klein, aber fein, und sie besitzt noch heute den Originalfußboden. *Auf der anderen Flußseite. Nehmen Sie die Brücke an der Burtasiyeh-Moschee. Sie laufen direkt auf den Khan zu, wenn Sie links die Uferstraße weitergehen.*

Khan El Misriyah

Der ägyptische Khan mit einem Brunnen in der Mitte bedürfte eigentlich dringend einer Restaurierung. *Er schließt auf der dem Fluß abgewandten Seite an den Khan El Khayatin an.*

Khan Es Sabun

Das zweistöckige Gebäude, in dem noch bis vor wenigen Jahren Seife (arab. sabun) hergestellt wurde, ist, gelinde gesagt, baufällig. *150 m links von der Großen Moschee, an der Straße, die zum Khan El Khayatin führt*

Kreuzfahrerzitadelle

★ Das Wahrzeichen der Stadt ist seit November 1993 wieder für die Öffentlichkeit zugänglich, nachdem der gröbste Schutt des letzten Kriegs beseitigt worden ist. Große Pläne gibt es schon, die imposante Festung zeitgemäß zu nutzen: Museum, Informationszentrum zur Geschichte der Stadt, Kulturzentrum – Raymond de St. Gilles würde sich wundern. Sandjil, so sein arabisierter Name, der noch heute von tripolitanischen Familien getragen wird, starb schon 1105, die bewegte Geschichte seines Schlosses, heute eher als Qalaat Abu Samra oder Qalaat Sandjil bekannt, führte zu unzähligen Auf- und Anbauten: Rein *croisé* sind nur noch die Ostseite sowie die Fundamente mit ihren Gewölben. *Vom Serail rechts an der Großen Moschee vorbei laufen*

Sie direkt darauf zu, tgl. 8–18 Uhr, Eintritt wechselt, liegt aber momentan bei ungefähr 2000 Lira.

Medresse Al Qartawiya

Typischer Mameluckenstil, im Eingangsportal wurden römische Säulen vermauert. Qartawiyah, Gouverneur von Tripoli (1316–25), ergänzte mit dieser Medresse die große Moschee. *An der Ostseite der Großen Moschee*

Medressen Es Saqraqiyeh und El Khatuniyeh

Diese beiden Koranschulen stammen ebenfalls aus mameluckischer Zeit: erbaut 1359 bzw. 1373. Khatuniyeh, die kleinere der beiden, die sich hinter der größeren »versteckt«, besitzt ein besonders schönes Portal. *Direkt gegenüber der Großen Moschee, auf der rechten Straßenseite (vom Haupteingang aus)*

Moschee und Medresse Al Burtasiyeh

Mit weißer Kuppel und einem rechteckigen Minarett eine der schönsten Medressen der Stadt. Der Marmorbrunnen im Gebetssaal, ein Mihrab (Wandnische, die die Gebetsrichtung nach Mekka weist), dekoriert mit Steinmosaiken, Glas und Blattgold, ein Minbar (Kanzel) aus vielfarbigem Holz – alles aus dem Jahr 1396. Die Bogenfenster am Minarett, umgeben von schwarzen und weißen Steinen, verraten maurische Einflüsse. *Direkt am Fluß gelegen, gegenüber vom Khan El Khayatin.*

Fast direkt daneben: drei weitere Medressen: *Al Zahiriya, Al Attar* (»Der Parfümeur«) und *Al Ilmiya Al Islamiya.* Letztere läßt in ihrem Namen noch das be-

rühmte *Dar Al Ilm* anklingen, das »Tor der/zur Klugheit«: Tripolis bedeutendste Bibliothek wurde vom Qadi Abu Taleb Ad Dawla Hassan mit rund 100 000 Bänden Ende des 11. Jhs. gegründet, fiel aber kurz bevor die Kreuzfahrer kamen einem Brand zum Opfer.

Taylan-Moschee

Emir Taylan ließ die Moschee 1336 anstelle einer Karmeliterkirche erbauen. Zwei Säulenreihen aus ägyptischem Rosengranit stützen das Hauptgebäude. Die hohen Säulen unter der größten Kuppel mit ihren römisch-byzantinischen Kapitellen markieren noch das Zentrum der ehemaligen Kirche. Der jetzige Scheich der Moschee, Abdel Kader Saleh, kümmerte sich höchstpersönlich um die Restaurierung – ohne Hilfe vom Staat oder den Waqfs, den islamischen Wohltätigkeitsorganisationen. *Von der Khatuniyeh-Medresse nach Süden. Nach ein paar Minuten kommen Sie zu einem moslemischen Friedhof. Er gehört bereits zum Moscheekomplex.*

Tour de Lions

Der Löwenturm (arab. Bourj As Sba) erhebt sich unten am Hafen. Einst war er Teil einer Kette von Wachtürmen, eine Art Frühwarnsystem der Mamelucken aus dem 15. Jh. Sinn für architektonische Schönheit bewiesen sie auch bei ihren militärischen Bauwerken: Der Turm, eigentlich eine kleine Festung für sich, enthält die schönsten Stilelemente dieser Epoche. Die Treppe vor dem mächtigen Portal mit der typischen Steinfassung in Schwarz und Weiß ist freilich neueren Datums – einst mußte man über eine Leiter klettern.

Das Dach eines Hamams in Tripoli

Seinen Namen erhielt der Turm (wohl von Sultan Qait-Bey errichtet, der auch die Festung von Alexandria bauen ließ) wegen der Löwenköpfe, mit denen die Fassade dekoriert wurde. Die Aussicht von der Terrasse bietet einen guten Überblick über Tripoli und das Libanon-Gebirge.

RESTAURANTS

Abu Nawas

Orientalisches Ambiente, eine Institution der Stadt. Regionalküche des Nordens. *Beim Hôpital Mounla, Tel. 06/44 19 75, Kategorie 2*

Al Chater Hassan

Ein Rahmen *très à l'oriental*. Spezialität des Lokals: die rohen Fleischgerichte – Kibbeh nayyé & Co. Auch der Fisch ist sehr zu empfehlen, dann allerdings wird's etwas teurer. *Rue Mounla, Tel. 06/60 02 86 oder 43 28 33 oder 44 14 84 oder 43 00 55, Kategorie 2–3*

Kasr El Wali

Mit Panoramablick zum Hafen und auf die Kanincheninsel. Kunstvoll bemalte Boiserien an den Wänden gehören in Tripoli dazu, aber die Küche ist mindestens genauso gut. Hummus und Mechwi (gefüllte Gemüse), Kibbeh und sonstige Mezze lohnen sich hier sehr. *Rue de Mina, Tel. 06/60 16 26, Kategorie 3*

Kasr Es Sultan

Ein offener Kamin, vielfarbige Boiseriearbeiten an Decken und Wänden und gute libanesische Küche im gleichnamigen Hotel. *El-Mina-Bezirk, Rue Ach Chamrak, Tel. 06/61 16 40 oder 60 16 27, Kategorie 2*

Pâtisserie Abdel Rahman
Sie führt sehr gute Süßigkeiten. *Sharia (Rue) Riad Es Solh, Tel. 06/43 06 12 oder 61 08 78*

Ein Tip: Wesentlich zwangloser geht's zu in den vielen Snacks rund um den Hafen oder in den Garküchen der Altstadt. Die Preise liegen, je nach Sandwich, zwischen 2000 und 4000 Lira.

HOTELS

Château des Oliviers
Auch als Villa Nadia bekannt, ein großes Landhaus mit vielen luxuriösen Salons, in verschiedenen Stilrichtungen eingerichtet. So eine Herberge hat freilich ihren Preis. *21 Zi., im Vorort Haikaliyeh, Tel. 06/61 02 22 oder 43 25 13 oder 61 50 24, kein Fax, Kategorie 1*

Kasr Es Sultan
Gehört zum gleichnamigen Restaurant. Ein Haus mit viel orientalischem Dekor. *20 Zi., El-Mina-Bezirk, Rue Ach Chamrak, Tel. 06/61 16 40 oder 60 16 27, kein Fax, Kategorie 2*

Palace
Sehr einfach und sehr laut. *14 Zi., direkt an der Rue de Tell, der Verlängerung der Place de Tell, wo die Altstadt beginnt, Tel. 06/43 22 57, kein Fax, Kategorie 3*

ZIELE IN DER UMGEBUNG

Badestrände (110/C 1)
Nehmen Sie sich ein *service* in Richtung syrische Grenze, die Schnellstraße »wimmelt« davon. Fahren Sie bis zu den Dörfchen Sheich Zenad oder El Qlaiaat (beide gute 20 km nördlich von Tripoli), und Sie sind mitten drin

im kilometerlangen Sandstrandgebiet. Bleibt nur noch, das Picknick auszupacken und das Handtuch auszubreiten. Das *service* kostet 1500 Lira pro Person. Bei El Qlaiaat finden Sie zudem noch eine – noch eine! – Kreuzfahrerburg, die zusammen mit den Burgen von Arqa und Halba gewissermaßen die Vorneverteidigung von Tripoli darstellte. Eine der ältesten Festungen der Region.

Schloß von Akkar (111/D 2)
★ Von Tripoli aus sollten Sie ein Taxi nehmen, *service* gibt es in dieser Ecke kaum noch. 43 km von Tripoli entfernt erhebt sich das Schloß auf gut 800 m Höhe. Vom noch erhaltenen Turm können Sie 🔆 bis zum Krak des Chevaliers in Syrien blicken.

Dies ist keine gepflegte Schloßanlage, sondern eine Burg, deren Inneres so ausschaut, als wäre hier seit den Kreuzrittern niemand mehr vorbeigekommen. Die »Unberührtheit« dieses Orts hat allerdings auch ihre Reize. Es waren indes wohl eher die Araber, die diese Anlage als Festung im 11. Jh. errichteten. Die Kreuzfahrer eroberten sie, später fiel sie wieder zurück in moslemischen Besitz. Erst Fakhr Ed Din zerstörte einen Teil, um seinen ottomanischen Widersachern keinerlei Unterschlupfmöglichkeit zu bieten.

Picknicken Sie hier oben oder im Dorf Akkar El Aatiqa, von wo auch der Aufstieg beginnt – ohne ein bißchen Klettern geht es nicht ab. Das Dorf selbst bietet ein kleines Derwisch-Kloster aus dem 16. Jh. (Ruine) sowie einen malerischen Wasserfall (Sheich-Jenaid-Cascade).

WADI QADISHA

(110 / C 3) ★ Grotten und Einsiedlerhöhlen en masse, Kirchen und Klöster satt: Eingebettet in die grandiose Landschaft des Hochgebirges, präsentiert sich das »heilige« Tal der Maroniten wie ein Bollwerk des Christentums im Orient. Terrassierte Hänge mit Öl-, Obst- und Maulbeerbäumen wechseln sich ab mit den leuchtend roten Dächern der Dörfer, die oft wie Vogelnester an die Felsvorsprünge geklebt sind. Darüber erheben sich die kahlen, bis in den April hinein schneebedeckten Gipfel des Libanon-Gebirges, das hier bis auf 3000 m Höhe ansteigt. Die letzten Zedern stehen hier oben und sorgen für Besucherströme, vor allem am Wochenende. Ski laufen kann man bei Les Cèdres – so weltabgeschieden wie einst, als die Maroniten sich hier niederließen, ist dieses mehr als interessante Tal schon lange nicht mehr.

Das Refugium der Anhänger von St. Maroun kam einstmals einer Fluchtburg gleich, das früher fast unzugängliche Tal ließ sich gut gegen fremde Eindringlinge verteidigen. Seit dem 6. Jh. siedelten die Maroniten hier und konservierten ihre Form des Christentums bis heute. Vor allem an Sonntagen können Sie dies beobachten: Unzählige Kirchenglocken läuten, schwarzgewandete Mönche und jede Menge Kirchgänger im Sonntagsstaat (!) bevölkern die kleinen Dorfstraßen, die an fast jeder Weggabelung mit Kreuzen und Madonnenfiguren geschmückt sind, vor denen man sich im Vorbeigehen bekreuzigt – eine von strenger Moral begleitete Frömmigkeit fernab von westlichem Laizismus. Eine Haltung, die die Maroniten, auch wenn sie es nicht gern hören, näher an ihre islamischen Mitbürger rückt als ans säkulare Europa, dem sie sich nichtsdestotrotz mehr verbunden fühlen als ihrer arabisch-islamischen Umgebung.

Bscharré   (110 / C 3)

Der Hauptort des Wadi Qadisha liegt am oberen Ende des Tals auf einem Bergvorsprung und wird von einer großen *Kathedrale* beherrscht. Rechts am Ortseingang geht's zur *Qadisha-Grotte (Eintritt: 1000 Lira),* aus deren Innerem zwischen bizarren Felsen der Qadisha-Fluß (in Tripoli: Abu Ali) entspringt. Bscharré ist außerdem der Geburtsort von Gibran Khalil El Gibran, Libanons berühmtestem Schriftsteller (1893–1931). Ein kleines, liebevoll gemachtes *Museum* erinnert an den großen Autor. *Tgl. 8–18 Uhr*

Deir Qannubine   (110 / C 4)

Größtes und wichtigstes Kloster im Tal, hier werden seit dem 15. Jh. die maronitischen Patriarchen begraben. Die Anlage, wohl von Theodosius d. Gr. schon im 4. Jh. gegründet, enthält in einer Krypta die Särge mit zum Teil gläsernen Deckeln. Die Klosterkirche selbst ist in den Felsen integriert. Wer hierher will, muß klettern, talabwärts beim Dorf Blouza an der Straße von Ehden nach Bscharré oder auch beim Dorf Hadchit führt ein Weg hinab. Wer will, kann an der südlichen Talseite wieder aufsteigen (genauso steil). Hier liegt Dimane: Das Dorf ist Sommersitz des heutigen maronitischen Patriarchen.

Ehden (110/C 4)

Auch hier gibt's Zedern: im Naturschutzgebiet von *Horch Ehden,* dem Forst von Ehden, gute 4 km östlich des Dorfs am Hang. Nehmen Sie sich einen Führer (bei der Municipalité oder im Hotel erfragen; noch ist hier nichts extra für Touristen vorbereitet), um die 350 ha mit seltenen Pflanzen und Blumen, die nur noch hier wachsen, zu erkunden. In Ehdens moderner *Kirche* ruhen die Gebeine von Yusuf Bey Karam, dem libanesischen Nationalhelden, der im 19. Jh. einen Bauernaufstand gegen die Türkenherrschaft anzettelte – und verlor.

Das *La Mairie* ist ein familiäres Hotel, das französische Küche, eine Terrasse und ein Café bietet. *65 Zi., Hauptstraße, Tel. 06/56 01 08, kein Fax, Kategorie 2*

Gut essen läßt es sich auch im *Al Ferdaus:* Mezze im ländlichen, regionalen Stil. *In Nabh Mar Sarkis, Tel. 06/56 00 38 oder 56 06 05, Kategorie 3* (Probieren Sie unbedingt die Kibbeh à la Zghorta – es lohnt sich!)

Les Cèdres (110/C 4)

Oberhalb von Bscharré geht es zu den Zedern. Dichtgedrängt trotzen hier auf einer Moräne, auf der der letzte eiszeitliche Gletscher zum Halten kam, weniger als 100 Exemplare den Zeitläuften. Den Aufstieg zum Gipfel Cornet Es Sauda (3083 m hoch mit phantastischer ⚡ Fernsicht bis nach Zypern) sollten Sie nur mit Führer wagen (**110/C 4**). Die Straße führt auf der anderen Seite der Berge hinab in die Bekaa-Ebene.

Ein typisches Wintersporthotel ist das *St. Bernard* beim Skilift in Les Cèdres. *55 Zi., Tel.* *06/67 15 17 oder 01/39 89 81 (Beiruter Leitung), kein Fax, Kategorie 2*

Angenehm ist auch das *Val d'Hiver. 15 Zi., Tel. 06/67 15 22 oder 01/32 29 89 (Beiruter Leitung), kein Fax, Kategorie 2–3*

Gute europäische Küche in rustikalem Ambiente bietet das *Kalinka.* Vor allem die Steaks sind zu empfehlen. *Im Hotel Val d'Hiver, Tel. 06/67 15 22 oder 01/32 29 89 (Beiruter Leitung), Kategorie 2–3*

Einfach, dörflich, bäuerlich geht es im *Nabh Mar Semaan* zu. Hier wird die typische Regionalküche serviert: rohe Kibbeh, hausgemachte Käse. *Zwischen Bscharré und Les Cèdres, an dem kleinen Schild rechts ins Tal, kein Tel., Kategorie 3*

Südliche Talseite (110/B–C 4)

Sie hat von Bscharré aus in geographischer Reihenfolge ebenfalls noch einiges zu bieten: das halb in den Felsen gehauene *Kloster Mar Sarkis;* das *Dorf Bazhun* mit seinem dekorativen Felsvorsprung und Wasserfall; die *Dörfer Hasroun* und *Hadeth El Jubbeh* mit wunderschönem ⚡ Ausblick auf den Halbkreis der Berge, der das Tal beschließt; Überreste einer *Felsnekropole* beim Dorf Touzla, links ein Stückchen den Berg hinauf; schließlich bei *Hamatoura* ein griechisch-orthodoxes Kloster, das neben mehreren großen Grotten halb in die Felsen eingebettet ist. Von hier aus führt die Hauptstraße zurück nach Tripoli. Die Entfernung beträgt gute 50 km. Ein Tagesausflug! Sie können jedoch auch in Richtung Batroun und von dort nach Beirut zurückfahren. Entfernung Beirut–Bscharré: ca. 100 km. Für diesen Trip ins Wadi Qadisha ist ein Taxi unumgänglich – *service* gibt es kaum.

Küchen-, Keller- und andere Kultur

Genießen Sie imposante Tempel und zum Essen
einen guten Tropfen

Für viele ist sie immer noch ein rotes Tuch: Die Bekaa hat, neben den südlichen Vororten Beiruts, den schlechtesten Ruf, zumindest in der internationalen Presse. Hochburg fanatischer Hisbollah-Streiter für die einen, für die anderen Tummelplatz aller möglichen Guerilla-Gruppen, von palästinensischen Organisationen bis hin zur kurdischen PKK. Es soll hier nicht verschwiegen werden, daß es diese Leute gibt, doch wenn Sie durch die Landschaft fahren, werden Ihnen diese Zeitgenossen kaum begegnen. Was Ihnen statt dessen auffallen wird, sind Soldaten: libanesische, zumeist aber syrische, alle paar hundert Meter an Checkpoints, doch die Waffen der Syrer, die Panzer, Artillerie und Raketen, seit einiger Zeit sieht man sie kaum noch, und das war mal ganz anders. Ein weiterer Grund für den schlechten Ruf der Bekaa waren die Haschisch- und Mohnpflanzungen, sie sind aber verschwunden. Statt dessen grünen, wie ehedem, alle Arten von Gemüse, Weinreben und Obstbäumen. Eingebettet zwischen die beiden schützenden Bergketten des Libanon und des Antilibanon, ermöglicht das Klima hier mehrere Ernten im Jahr. Wer die Bekaa von Beirut aus erkunden möchte, muß erst einmal klettern. Auf rund 1500 m Höhe führt die Paßstraße hinauf bis zum Dahr Al Baidar. Die ❧ Aussicht von hier oben reicht an klaren Tagen bis zum schneebedeckten Hermon-Massiv im Südosten, mit dem grünen Tal zu Ihren Füßen. Sobald Sie hinunterfahren, werden Sie Veränderungen wahrnehmen: Die Menschen hier werden ländlicher, auch volkstümlicher. Der Paß am Dahr Al Baidar ist auch eine kulturelle Wasserscheide: Hier beginnt der eigentliche Orient. Schiitische Bauersfrauen, wohlverpackt in große schwarze Kopftücher und bunte, langwallende weite Röcke, hokken auf der Erde am Straßenrand und verkaufen Ihnen ihr gerade frisch geerntetes Obst. Im Hotel reicht Ihnen der traditionell gewandete Empfangsboy den ebenfalls traditionellen Begrüßungsschluck Kaffee aus der Raqwa,

Phönizier, Griechen und Römer
hinterließen in Baalbek ihre Spuren:
der Jupiter-Tempel

MARCO POLO TIPS FÜR DIE BEKAA-EBENE

1 **Chtaura**
Hier Arishi zu essen gehört
unbedingt dazu (Seite 76)

2 **Hotel Palmyra in Baalbek**
Eine Institution im Stil
der alten Orienthotels
(Seite 75)

3 **Lac de Karaoun**
Der größte (Stau-)See
des Libanon (Seite 76)

4 **Römische Tempel
von Baalbek**
Wer sie nicht gesehen
hat, war nicht im Libanon
(Seite 73)

5 **Zahlé und sein Wadi**
Mezze vom Besten, dazu
Wein von Ksara, und das
alles am rauschenden
Wasserfall (Seite 77)

dem oft kunstvoll ziselierten Kaffeetopf aus Silber oder Messing. Die Schnellstraße Beirut–Damaskus durchschneidet diese Landschaft von West nach Ost, bei Masnaa ist die syrische Grenze erreicht (Fahrt von Beirut aus: gut zwei Stunden). Wer weiter nach Damaskus möchte, sollte sich tunlichst schon in Deutschland ein syrisches Visum besorgen; sonst schickt man Sie hier gnadenlos zurück.

ANJAR

(112/C 4) Am Fuß des Antilibanon liegt die geheimnisvolle Stadt der Omayyaden, wahrscheinlich zu Zeiten des Kalifen Walid Ben Abdul Malek (705–714) erbaut. Die libanesische Altertümerverwaltung begann Ende der 40er Jahre mit den Ausgrabungen. Man förderte eine rechtwinklig angelegte Ortschaft zutage, 385 m von Nord nach Süd, 350 m von West nach Ost, mit starken Mauern und Ecktürmen als Befestigung. Ins Auge fallen die Überreste zweier Paläste, zum Teil byzantinischen Einfluß verra-

tend, aber auch ein den Römern nachempfundenes Bad sowie die an griechisch-römische Tradition erinnernden Abbildungen von Eulen, Tauben, Lilien, Weintrauben, Muscheln – und nackten Mädchen. Bis heute ist nicht recht klar, was Anjar eigentlich war, Marktflecken und Handelszentrum für die Bekaa oder Refugium für Omayyaden-Prinzen? Oder aber Exilort für allzu machthungrige Rivalen des amtierenden Kalifen?

Nur wenige Meter von der befestigten Omayyaden-Stadt entfernt befindet sich die Anjar-Quelle, einer der Bäche, aus denen sich der Litani speist. Der Litani, in der Antike Leontes genannt, ist die große Wasserader der Bekaa, nicht groß im Sinn eines majestätischen Flußlaufs, sondern die Bedeutung liegt in seiner Strömung. Vor allem im Frühling, mit der Schneeschmelze in den Bergen, sichert er der gesamten Hochebene die angesichts der sommerlichen Hitze so notwendige Bewässerung.

Bei Anjar gibt es viele kleine verschwiegene Gartenrestaurants, wo in Fischteichen Forellen gehalten werden – eine gute Idee für den Lunch. Die syrischen Geheimdienstmitarbeiter am Nebentisch sollten Sie nicht stören. Deren Hauptquartier liegt nahebei, und die Herren genießen hier ihre Mittagspause: Ain Anjar, *Route An Nabaa, Tel. 08/84 09 88 oder 82 17 27, Kategorie 3,* und Al Dschazira, *Route An Nabaa, stimmungsvoll am Wasserteich, kein Tel., Kategorie 3*

BAALBEK

(113/E 2) Exakte Einwohnerzahlen gibt es wie überall im Libanon natürlich nicht, auf ca. 130 000 Köpfe indes schätzt man die Stadt, heißt es jedenfalls im Serail, dem Rathaus. Die vielen bunten überlebensgroßen Papp-Khomeinis, die früher den Straßenrand zierten, sind bis auf ganz wenige Exemplare verschwunden. Verschwunden aus dem Straßenbild ist auch die Hisbollah, und immer weniger Frauen tragen heute noch den Tschador – der Einfluß der Integristen geht spürbar zurück. Sie können sogar wieder ein Glas Bier oder Wein auf der Terrasse des Palmyra trinken – ein noch vor wenigen Jahren undenkbarer Frevel. Lediglich der zur Schau gestellte erbeutete israelische Merkava-Panzer vor der Freitagsmoschee, das Imam-Khomeini-Hospital oder die ausgedehnte Anlage der islamischen Universität lassen noch die Präsenz der frommen Guerilleros ahnen. Bummeln Sie doch einmal durch *downtown* Baalbek, den öffentlichen Park entlang, wo die Großfamilien wie ehedem mit Kind und Kegel picknicken, »bedröhnt« von arabischer Musik:

Auch Musik gilt bei radikalen Schiiten eigentlich als verpönt.

Die Zeichen der Veränderung sind überall zu spüren, besonders natürlich vor dem Wahrzeichen der Stadt, den imposanten Tempeln aus römischer Zeit, wo heute wieder die Touristenbusse parken. Häufig sind es noch Libanesen selbst, die hier »auf Besichtigung« gehen, aber auch Syrer und, oft auch in Gruppenreisen aus Damaskus, westliche Touristen. Der Eingang zu den Tempeln ist denn auch schon wieder zu einem kleinen Rummelplatz geworden, die Kamele für das Fotoalbum stehen dort, und jede Menge Souvenirartikel werden feilgeboten.

Sichtbarstes Zeichen für die sich wandelnden Zeitläufe: Im Juli 1998 fand hier, nun schon zum zweiten Mal, das Baalbek-Festival statt. Vor dem Krieg und jetzt wieder bringt das Kulturereignis der Saison internationales Flair in die Metropole der Bekaa. Karten für Rostropovitch, Feyrouz & Co. kosten zwischen 50 und 120 Mark.

BESICHTIGUNG

Römische Tempel von Baalbek

★ Die sechs riesigen Säulen des Jupitertempels können Sie schon von weitem sehen: Sie beherrschen die weitläufige Anlage, die Baalbek bereits in der Antike berühmt werden ließ. Der Name Baalbek ist allerdings semitischen Ursprungs, er bedeutet »Gott (oder auch Herr) der Bekaa«. Schon zu phönizischen Zeiten gab es hier wichtige Kultstätten, und die Griechen gaben dem Ort den Namen Heliopolis. Bis zur Mitte des 3. Jhs. blieben die Rö-

Ein Teil der imposanten Tempelanlagen in Baalbek

mer hier und schufen eine Tempelanlage, die denen in Rom durchaus ebenbürtig war.

Daß diese imposante Anlage ausgerechnet hier entstand, hatte, manchen Archäologen zufolge, weniger religiöse denn politische Gründe: Baalbek, fast genau auf halbem Weg zwischen Beirut (Berytus) und Damaskus gelegen, war Schnittpunkt uralter Handelsstraßen, die vom Mittelmeer in Richtung Osten führten, zu den Königreichen, mit denen die Römer Handel trieben – der Suez-Kanal existierte noch nicht. Auch galt es, den Herrschern der Region bis weit in den Osten hinein zu zeigen, wer hier das Sagen hatte: eine »Demonstration in Stein« gewissermaßen.

Die Römer erbauten drei Tempel. Jupiter, Bacchus und – etwas außerhalb, dem heutigen Tempelbezirk vorgelagert – Venus wurden hier verehrt. Auf den ersten Blick erscheinen die Kolossalgebäude westlich, römischen Stil spiegelnd, doch die Ab-

folge im Inneren der Tempel läßt an östliche Einflüsse denken. Theodosius d. Gr. (379–395) ließ an Stelle der Altäre im Jupitertempel eine christliche Basilika errichten, die Araber eroberten Baalbek 635 n. Chr. und wandelten den Komplex in eine Festungsanlage um. 1134 kamen die Mongolen unter Dschingis Khan, 1260 zerstörte sein Enkel Hülagu das, was das große Erdbeben von 1158 sowie die hier nur kurzzeitig präsenten Kreuzfahrer zuvor übriggelassen hatten.

Die byzantinische Basilika ist heute restlos verschwunden, der Platz steht jetzt so, wie er wohl zu römischen Zeiten war, abgesehen von den Resten der arabischen Festung am Eingang. Auf den riesigen Steintreppen, die zum Sanktuarium des Jupiter-Tempels hinaufführen, findet seit 1997 wieder das renommierte Festival von Baalbek statt.

Linker Hand vom Jupiter-Tempel liegt das Heiligtum des Bacchus mit fein ziselierten Reliefs: Weintrauben, Weizenähren, Eier, die Symbole der Fruchtbarkeit und des Weins, finden sich hier, doch auch prallreife Mohnkapseln. Es scheint, daß den Römern auch die Freuden des Opiums nicht unbekannt waren. Mehr als einer der *tourist guides* wird Sie mit verschmitztem Lächeln auf die antiken »Vorläufer« der jüngsten Bekaa-Feldfrüchte aufmerksam machen. *Tgl. 8–18 Uhr, Eintritt 4000 Lira*

EINKAUFEN

Vor den Tempeln gibt es von bunten *Postkarten* über *Wasserpfeifen* bis zu *T-Shirts* mit den international üblichen Motiven und Aufschriften bereits wieder alles, was Touristenherzen nur begehren können.

Wer einen bestickten Kaftan oder eine Abaya nach Hause tragen möchte: Schräg gegenüber vom Hotel Palmyra gibt es auf der Hauptstraße ein Geschäft namens Al Assila, das sich auf alte *Textilien* spezialisiert hat und in Heimarbeit Kopien der Originale herstellen läßt – für Bühne und Fernsehen, für Edelboutiquen und Private.

HOTEL

Palmyra

★ Am Ortseingang an der Hauptstraße mit Blick auf die Tempel gelegen. Eine Plüscherherberge im Stil der alten Orient-Hotels (wie etwa das Baron in Aleppo). Das Palmyra, in dem bereits Kaiser Wilhelm II. nächtigte (Zi. 30), wird derzeit restauriert, ist aber nicht geschlossen. Auch wenn Sie nicht hier übernachten, das Frühstück lohnt den

Besuch allemal. Probieren Sie die hausgemachte Kirschkonfitüre mit den dicken schwarzen Früchten der Bekaa, den selbstgemachten Labnah und das ofenfrische Brot aus dem Tannour. Mittags und abends wird Bodenständiges serviert. Ali Husseini, Sproß des Besitzers Hussein Husseini, des Ex-Parlamentspräsidenten, verwaltet heute das Haus, das durch alte Kupfertabletts, glühende Holzkohlebecken für den stets heiß gehaltenen Kaffeebegrüßungsschluck und bis hin zum altertümlichen Speisesaal über viel Atmosphäre verfügt. Die zur Straße hin gelegene Gartenterrasse dient wieder, wie früher einmal, als Treffpunkt, oft bis spät in den Abend hinein. Genauso die Bar, von Ali einst »wegen der Hisb« nur zu später Stunde für vertrauenswürdige Gäste geöffnet. *41 Zi., an Ortseingang an der Hauptstraße mit Blick auf die Tempel, Tel. 08/87 03 05 oder 87 00 11 oder 87 02 30, aber auch 01/86 73 48 (Beiruter Linie), kein Fax, Kategorie 2–3*

ZIEL IN DER UMGEBUNG

Hermel   (111 / E 3)

Der Ort rund 60 km nördlich von Baalbek wartet auf mit der sogenannten *Qamwat El Hermel,* einer Art Pyramide auf einem Sockel aus Lavasteinen. Das Monument, wohl das Grabmal eines lokalen Fürsten aus dem 1. oder 2. Jh. n. Chr., liegt ca. 10 km vor dem Ortseingang an der Straße. Die landschaftlich schöne Strecke bis Hermel erhält zusätzliche Reize durch die kleinen Restaurants am Nahr Al Assi, dem Orontes-Fluß: Forelle ist hier einfach ein Muß!

CHTAURA

(112/C 3) Der erste größere Ort, wenn Sie den Paß hinab in die Bekaa fahren. Chtaura (ausgesprochen Schtuura) scheint nichts weiter zu sein als ein immenser Supermarkt, ein Geschäft reiht sich ans andere. Vor allem am Freitag bevölkern die gelben Taxis aus Damaskus die Parkplätze, und es herrscht ein richtiger Massenandrang. Syrer, die es sich leisten können, aber auch die Damaszener Ausländerkolonie nutzen den moslemischen Feiertag und decken sich hier ein mit allem, was im Nachbarland oft wesentlich teurer ist. ★ Chtaura hat allerdings auch eine eher ländliche Seite: Viehzucht, vor allem aber Milchwirtschaft wird hier ganz groß geschrieben, etliche Molkereien haben hier ihren Sitz. Käse und Yoghurt, Labnah und Arishi sind sehr zu empfehlen. Ein Sandwich mit Arishi, einer Art körnigem Frischkäse, mit viel Honig überträufelt und dann in hauchdünne Brotfladen gerollt, gehört einfach dazu, wenn Sie in Chtaura Station machen. Zwischen den Supermärkten, teilweise auch innen drin, finden Sie jede Menge Snacks und Imbißstände, wo Sie die Köstlichkeit probieren und genießen können.

Chtaura Park
Internationaler Standard, der freilich seinen Preis hat. Rings um den Pool ein schöner Garten zum Entspannen. *80 Zi., an der Hauptstraße, Tel. 08/80 51 22 oder 01/86 30 50 (Beiruter Leitung), Fax 08/80 51 22, Kategorie 1*

LAC DE KARAOUN

(112/B 5) ★ Der einzige große See des Libanon. Da, wo der Litani die Bekaa im Süden verläßt, wurden seine Wasser aufgestaut, um die Bewässerung der Gegend ringsum zu regulieren. 1959 von einer (damals) jugoslawischen Firma gebaut, wurde die Staudammhöhe später noch einmal auf insgesamt 74 m aufgestockt.

Doch der See ist heute vor allem ein Ort, wo man Landschaft und Stille genießen kann – die von der SLA (South Lebanon Army – von Israel bezahlte, aus Libanesen zusammengesetzte Einheiten) gehaltene Zone um Jezzin beginnt nur wenige Kilometer südwestlich des Sees. Das Idyll wird auch von anderer Seite bedroht: Versuchen Sie nicht, das Wasser zu trinken, es gilt neuesten Erkenntnissen zufolge als kontaminiert.

Kefraiya **(112/B 5)**
Besuchen Sie auf dem Rückweg doch dieses Dorf: Die Weinreben dieser berühmten Domäne ziehen sich die östlichen Abhänge des Jebel Barouk entlang. Und machen Sie ruhig eine Weinprobe! Kefraiya liegt, vom See aus gesehen, gut 10 km in nördlicher Richtung an der Hauptstraße, die nach Chtaura führt.

Zedern **(112/B 5)**
Wenn Sie nicht über den Dahr El Baidar zurück nach Beirut wollen, gibt es eine Alternative: Nehmen Sie die Straße, die an der Kreuzung von Kefraiya in die Berge hinaufführt. Es lohnt nicht nur wegen der ⚜ Aussicht auf

die Bekaa, sondern auch der letzten Zedern wegen (an der Straßengabelung rechts orientieren!), die sich hier oben noch gehalten haben.

ZAHLÉ

(112/C 3) ★ Leuchtend rote Dächer und Kirchtürme fallen als erstes ins Auge, wenn man sich Zahlé von den Bergen herab nähert. Die einzige mehrheitlich von Christen bewohnte Stadt der Bekaa drängt sich in der engen Schlucht des Nahr Berdaouni,

der vom Mt. Sannine herabfließt – oder besser -rauscht, denn es handelt sich um einen veritablen Gebirgsbach, dessen Rauschen jede Tischkonversation kräftig untermalt. Entlang der Schlucht haben sich an beiden Seiten des Flußlaufs unzählige Open-air-Restaurants angesiedelt, hier »Casinos« geheißen. Richtig schön ländlich-traditionell geht es hier zu, der Kahwädschi, der Kellner, der nur für Kaffee und Nargilahs (Wasserpfeifen) zuständig ist (und beim Rausgehen ein extra Tip erwartet), wird Sie

In einer engen Schlucht zusammengedrängt: Zahlé

genauso umsorgen wie das übrige Personal. Zahlé, das ist Mezzeland – immer neue Variationen lassen Sie vergessen, daß es danach noch einen Hauptgang und häufig auch recht gehaltvolle Desserts gibt. Apropos Desserts: Kak bil Halib heißen die kleinen Kuchen, eine lokale Spezialiät, in jeder Bäckerei zu finden.

Grob geschätzt zählt die Stadt heute vielleicht 50 000 Ew. Sie lebt im wesentlichen von den Restaurants und ihren Besuchern, aber auch von Weinbau und Landwirtschaft. Das eigentliche Zentrum liegt unten im Tal, am Ortseingang zur Bekaa hin. Den Fluß entlang führen rechts und links die beiden Hauptstraßen der Stadt, die sich oben, am »Flaschenhals« der Schlucht, wieder treffen. Die steilen Hänge hinauf wohnen die Menschen von Zahlé: Gut zu Fuß sollten Sie für diese Stadt schon sein. Sie werden hier so gut wie keine Singvögel hören – viele von ihnen werden geschossen und landen als Delikatesse im Kochtopf. Meiden Sie für einen Besuch in Zahlé das Wochenende, denn von Freitag abend bis Sonntag fallen auch die Libanesen ein.

RESTAURANTS

Casino Arabi
Wer die Schlucht nicht weiter hinaufwandern will, kann gleich hier bleiben. *Erstes Lokal links am Eingang zur Schlucht, Tel. 08/82 12 14 oder 80 01 44, Kategorie 2*

Casino Mhanna
Ebenfalls am rauschenden Wasser, mit Springbrunnen zusätzlich auf der Terrasse. Die Mezze sind hier genauso gut. Das Mhanna besitzt noch einen Ableger in Tilal-Ksara, auch dort lohnt es sich vorbeizuschauen. *Tel. 08/82 06 34, Kategorie 2*

HOTELS

Casino Arabi
Wer hier abends übrigbleibt oder zu viel hausgemachten Arrak getrunken hat, kann gleich bleiben und hier übernachten. *20 Zi., erstes Lokal links am Eingang zur Schlucht, Tel. 08/80 01 44 oder 82 12 14, kein Fax, Kategorie 2*

Hôtel d'Amérique
Einfach (!) und klein. *21 Zi., rechts auf halber Höhe an der von der Bekaa aus gesehen rechten Hauptstraße, Tel. 08/82 05 36, kein Fax, Kategorie 3*

Monte Alberto
Wie ein Adlernest an den Rand der felsigen Schlucht geklebt, daher mit naturgemäß hervorragender  Aussicht auf das Treiben tief unten. *24 Zi., Tel. 08/80 14 51 oder 80 03 42 oder 80 23 65, kein Fax, Kategorie 1–2*

ZIEL IN DER UMGEBUNG

Ksara (112/C 3)
1993 feierte Ksara, eines der berühmtesten Weingüter des Libanon, den 135. Geburtstag. Die Domäne, südlich von Zahlé an der Straße nach Chtaura gelegen, wurde 1858 von Jesuitenmönchen gegründet. Der Bruder Kellermeister wußte offenbar schon immer, was ein guter Tropfen ist: Die kleine Chronik, zum Jubiläum herausgegeben, liest sich wie eine einzige Erfolgsstory. Beliebtestes Produkt des Hauses: der dunkelrote trockene Réserve du Couvent. Aber auch der Rosé, Ksara Gris de Gris, kann sich sehen lassen: ein leichter, ausgesprochen frischer Wein von roségrauer Farbe, gut zu Fisch und zu vielen leichten, sommerlichen Gerichten.

Selbstverständlich werden hier auch Weißweine produziert: am besten, Sie probieren sich selbst hindurch. Last, but not least: Hier wird auch Arrak hergestellt, aus dem vergorenen Most der Trauben. Ein kleines Fläschchen ist ein hübsches Souvenir für zu Hause.

Der Weinbau spielt in der Gegend um Zahlé eine große Rolle

Saida und Tyrus

Ein Auf und Ab im Wechsel von Zeiten und Gezeiten

Keine Region des Libanon wurde und wird so vom Krieg mit Israel gezeichnet wie gerade der Süden – einen Teil davon halten die Israelis noch immer besetzt. Deshalb bleiben für Touristen einige Sehenswürdigkeiten bis auf weiteres gesperrt, das Städtchen Jezzin am Südhang der Choufberge etwa mit seinem pittoresken Ortskern aus ottomanischer Zeit und den größten Wasserfällen des Libanon, die Jezzin im blumigen Arabisch den Titel »Braut der Kaskaden« bescherten. Aber auch Hasbayya, am Fuß des Mt. Hermon gelegen, bleibt wohl bis zu einer umfassenden Regelung des Nahostkonflikts für Touristen *no go area.* Hier erhebt sich die imposante Festung der Chéhab-Emire aus dem Mittelalter, die noch während des Bürgerkriegs von 1860 eine entscheidende Rolle spielte: Im Innenhof kam es zu Massakern an Christen, was die erste militärische Intervention europäischer Mächte in der Levante der Neuzeit heraufbeschwor. Hasbayya steht aber auch für Khalawat Al Bayyada, die größte und bedeutendste theologische Einrichtung der libanesischen Drusen, deren »eingeweihte« Scheichs hier die

Relikte aus der Römerzeit in Tyrus

heiligen Texte studieren. Khalawat (Singular Khalwa) bezeichnet das Gebäude, in das sich Drusen an jedem Donnerstagabend zurückziehen, um die Dorfangelegenheiten zu diskutieren, aber auch, zu späterer Stunde, wenn die »Eingeweihten« unter sich sind, Fragen des Glaubens zu besprechen und aus den »Büchern der Weisheit« zu lesen. Ebenfalls bis auf weiteres für ausländische Besucher »verboten«: das Château Beaufort, die alte Kreuzfahrerburg hoch oben auf dem Steilhang über dem Litani-Fluß. Obwohl die Anlage durch die häufigen kriegerischen Auseinandersetzungen der letzten Jahrzehnte arg ramponiert wurde, läßt sich noch immer das einstige Ausmaß dieser wohl größten Kreuzfahrerfestung des Libanon erahnen.

Begnügen Sie sich daher zunächst einmal mit dem, was heute problemlos zu besichtigen ist, das ist schließlich auch nicht wenig. Beginnen Sie Ihre Erkundungen des Südens in Saida. Die Straße hierher führt kilometerlang am Meer entlang. Kleine Badebuchten mit Sandstrand – und jede Menge Coffee-Shops – wechseln sich ab mit fruchtbaren Obstplantagen und Gemüsefeldern. Bananen und Zitrusfrüchte, Erdbeeren und Tomaten, aber auch Dattelpalmen gedeihen hier, riesengroße dunkelrote Radieschen, gelbe Möhren, Salatköpfe und sonstiges Gemüse werden, gerade geerntet, am Straßenrand feilgeboten: Frischer geht es kaum. Die Berge und die steinigen, mit grünem Strauchwerk bewachsenen Hügel zu ihrer Linken werden nach Süden hin immer niedriger, die letzten Ausläufer des Libanon-Gebirges enden im welligen Hügelland des Jebel Amal hinter Tyrus, der nahtlos übergeht ins schon israelische Obergaliläa.

Entlang dieser Küstenstraße liegen Saida und Tyrus, zwei der ältesten Städte der Geschichte. Von hier aus beherrschten die Phönizier einst die Meere und gründeten Kolonien in Nordafrika (Karthago) und Spanien (Cádiz). Diese Küstenstraße war aber auch Durchgangsroute für Assyrer, Babylonier, für Griechen und Römer. Sie alle hinterließen hier ihre Spuren, ebenso wie Jahrhunderte später Araber und Kreuzfahrer. Aufgrund der politischen Lage sind weder Saida noch Tyrus besonders auf Touristen eingestellt: Solange mit militärischen Auseinandersetzungen zu rechnen ist, investiert kaum jemand. Dennoch gibt man sich in letzter Zeit verstärkt Mühe, einiges von den alten Schätzen zu restaurieren, wie etwa den Khan El Franj in Saida oder die römische Nekropole bei Tyrus, wo demnächst auch wieder gegraben werden soll nach den noch älteren Resten aus phönizischer Zeit. Jüngste »Entdeckung« im Süden ist das Dörfchen Qana, 15 km hinter Tyrus. Dort soll neuesten Erkenntnissen zufolge Jesus bei der Hochzeit zu Kana Wasser in Wein verwandelt haben. Einiges deutet darauf hin, daß dieses Wunder dort geschah, aber sehen Sie selbst! All diese Sehenswürdigkeiten sind bequem von Beirut aus im Tagesausflug zu besuchen. Sie müssen also keineswegs im Süden übernachten, wenn Sie es vorziehen, im »sichereren« Beirut zu bleiben. Doch zumindest Ihren Lunch sollten Sie hier genießen: Der Fisch ist einfach zu gut.

SAIDA

(114/B 2) Saida, Provinzhauptstadt und Verwaltungssitz für den Südlibanon, zählt heute ca. 200 000 Ew., und im Lager Ain El Hilweh am südöstlichen Rand der Stadt leben noch einmal etwa 100 000 palästinensische Flüchtlinge – es ist das größte Lager des Libanon. Die modernen Einkaufsstraßen der Stadt finden Sie nördlich und östlich von der Place Riad Es Solh, dem zentralen Platz von Saida, wo auch die Taxis aus Beirut ankommen und nach Tyrus oder Nabatiyeh weiterfahren. Der für Touristen interessante Teil, die Altstadt, beginnt südlich vom Riad Es Solh, von hier ab müssen Sie zu Fuß gehen, denn durch die engen, verwinkelten Gassen und Gäßchen paßt kein Auto mehr. Hier herrscht ein typisch orientalisches Treiben: Laut und bunt geht es zu, es gibt Fleischerläden, wo die halben Hammel vor der Tür in der Sonne baumeln, Obst- und Gemüsestände und kleine Pâtisserien – Saida ist berühmt für seine Halawiyat, die süßen, zuckertriefenden, mit Mandeln oder Pistazien dekorierten Köstlichkeiten. Speziell zu empfehlen: Jazarieh, ein Konfekt aus Orangen, Rosenwasser und Zuckersirup. Zwischen Stoff- und Schuhgeschäften, Fischständen und Werkstätten treffen Sie immer wieder auf ein kleines Café, wo Sie zumeist die männlichen Bewohner der Stadt beim Backgammon-Spiel beobachten können, ein Glas Tee vor sich und die Masbaha, den islamischen »Rosenkranz«, in der Hand. Dessen französischer Name *passe-temps* deutet es an: Die Perlen, die mann, nicht frau (!), langsam durch die Finger gleiten läßt, sollen die Zeit vertreiben. Angeblich, sagen seine Benutzer, beruhige das Spiel mit den Perlen zudem gestreßte Nerven.

Verlaufen können Sie sich hier nicht, irgendwie kommen Sie immer wieder am Meer heraus. Der Geruch des nahen Wassers mischt sich mit den Düften aus den Gewürzläden, aber auch aus den überall herumliegenden Abfallhaufen. Dicke Hausfrauen, in Kopftuch und zumeist langen Kleidern, erledigen hier ihre Tageseinkäufe, umschwirrt von ihrer zahlreichen Kinderschar. Junge Männer stehen in den Ecken herum und halten einen Schwatz, die Arbeitslosigkeit liegt hier bei 30 Prozent und mehr. Die Souks von Saida lassen Sie teilhaben am unverfälschten Alltagsleben der Einheimischen. Innerhalb des Altstadtkomplexes liegen auch die wichtigsten Sehenswürdigkeiten.

BESICHTIGUNGEN

Hamam Al Ward

Der Omari-Moschee gegenüber blieb auf dem freien Vorplatz, auf dem sich einst das Schloß von Fakhr Ed Din erhob, das »Bad der Rosen« von 1721 erhalten. In der Kuppel hängen unzählige blaugrüne Glastropfen, durch die das Sonnenlicht ins Innere scheint.

Khan El Franj

Vom Drusenemir Fakhr Ed Din im 17. Jh. erbaut, diente das Gebäude ursprünglich als Harem für seine Frauen. Erst mit den immer enger werdenden Handelsbeziehungen zu Europa, die der Emir nach Kräften förderte, ergab sich die Notwendigkeit, die meist französischen Kaufleute unterzubringen: Die Haremsdamen mußten weichen, und seither trägt der Khan El Franj seinen Namen, der auf arabisch soviel wie Handelshaus der Franken (oder Franzosen) bedeutet. Im Erdgeschoß lagerten die Waren, aber auch die Pferde der Händler fanden dort Platz. Manche Säulen weisen noch heute den steinernen Ring auf, an dem die Reittiere früher angebunden wurden. Im Obergeschoß, dessen Arkaden auf den Innenhof gehen, befand sich das damalige »Hotel«. Die Wasserversorgung nach oben sicherten zwei Ziehbrunnen, die heute noch erhalten sind. Der Komplex diente später dem französischen Konsul als Residenz, Franziskanermönche richteten eine kostenlose Grundschule ein, die erst mit der israelischen Invasion 1982 ihren Betrieb einstellen mußte. Nach Abschluß der Restaurierung soll hier nach den Plänen der Fondation Hariri ein großes Kulturzentrum entstehen: Rafic Hariri, Sohn der Stadt und Ex-Ministerpräsident, finanziert über seine Stiftung das ehrgeizige Projekt.

Murex Hill

Unmittelbar südlich von Qalaa El Mezzeh stoßen Sie auf das, was Saida einst zu Wohlstand verhalf: Es ist der kleine Hügel, auf dem früher der Abfall aus der Purpurproduktion (nämlich die zerschlagenen Häuser der Purpurschnecke Murex) abgelagert wurde. Ein Gramm Purpur war in alten Zeiten soviel wert wie zehn bis zwanzig Gramm Gold. Der begehrte Farbstoff färbte einst die Königsgewänder.

Omari-Moschee

Wenn Sie aus dem Khan herauskommen, gehen Sie links weiter am Rand der Altstadt, parallel zum Meer. Passieren Sie das Souk Al Qadim, ein volkstümliches Café mit Kreuzgewölben aus dem 16. Jh., links dahinter geht's wieder in den Souk. Nach der dritten Quergasse rechts können Sie nicht mehr geradeaus: Die Trutzburg rechter Hand ist Saidas Freitagsmoschee mit Außenmauern aus der Kreuzfahrerzeit, die die Kirchenarchitektur aus dem 13. Jh. noch gut erkennen lassen.

Qalaa El Mezzeh

Gehen Sie vom Qasr Debbane aus rechts die Hauptstraße entlang, kommen Sie zum Qalaa El Mezzeh, das auch Qalaa St. Louis genannt wird. Das Schloß liegt auf der ehemaligen Akropolis der antiken Sidon der Phönizierzeit und wurde im 12. Jh. von den Kreuzrittern erbaut. Die Araber zerstörten es, und die Mamelucken bauten es (wahrscheinlich unter Sultan Baibars) wieder auf. Unmittelbar südlich vom Schloßkomplex liegt eine phönizische Nekropole aus dem 17. Jh. v. Chr.

Qataishiyeh-Moschee

Gehen Sie vom Hamam Al Ward die erste Seitengasse nach rechts, stehen Sie vor diesem Bauwerk aus dem 16. Jh. mit interessanten Wandkeramiken.

Wasserburg

★ Das Wahrzeichen von Saida. Der Altstadt vorgelagert, bewachte es früher den nördlichen Hafen. Im Winter 1227/28 von den Kreuzfahrern als Meeresfestung errichtet, wurde es von ihnen 1291 wieder aufgegeben, nachdem ihre letzte Bastion Acre an die Araber zurückgefallen war. *Tgl. 8–18 Uhr, Eintritt 1000 Lira*

RESTAURANTS

Istirahat Saida

Saidas berühmtes Restaurant, das Government Resthouse, soeben restauriert. Unter stilvollen Kreuzgewölben und alter Fayence mit Logenplatz am Meer. Hier gibt es Mezze und vor allem Fisch, zu zivilen Preisen übrigens, da staatlich subventioniert. *Direkt neben der Wasserburg (das Haus mit der Kuppel), Rue Al Qalaa, Tel. 07/72 24 69, Kategorie 2–3*

Napoli

Auch in Saida kann man italienisch essen. Wenn Ihnen der Sinn mal nicht nach Mezze steht, können Sie wählen: Pizza, Pasta, Pesce & Co. *Rue Riad Es Solh (Stadtmitte), Tel. 07/72 55 23, Kategorie 3*

Nkouzi

Gute libanesische Küche und ebenfalls im Zentrum gelegen.

Rue Riad Es Solh, Tel. 07/72 16 73, Kategorie 3

Rmeileh VIP Club

Im Vorort Rmeileh, im Tal des Awali-Flusses. Mezze und Fisch in sehr guter Qualität. *Das Restaurant ist schwierig zu finden, nur ein winziges Schild (von Saida aus gesehen) rechts an der Küstenstraße hinter der Awali-Brücke weist den Weg, Tel. 07/72 52 69, Kategorie 1*

Für schmale Geldbörsen ein Tip: Entlang der Strandpromenade gibt es viele kleine Snacks und Coffee-Shops, wo man schnell ein gutes Sandwich essen kann – für 2 000–3 000 Lira.

HOTEL

Mounes

In Khaizaran gelegen, rund 20 km südlich von Saida an der Küstenstraße. Es ist zur Zeit noch das einzige empfehlenswerte Hotel, und es hat seinen Preis. *216 Zi., Tel. 07/72 19 06 oder 72 49 32, aber auch 01/86 11 68 oder 86 48 06 (Beiruter Leitung), Fax 01/60 30 63, Kategorie 1–2*

Die Wasserburg der Kreuzritter ist das Wahrzeichen von Saida

Nabatiyeh (114 / C 4)

Größte Stadt im Landesinneren, mehrheitlich von Schiiten bewohnt. Der Ort ist vor allem wegen der Ashoura-Zeremonie einmal im Jahr, die eine Art blutrünstiges Passionsspiel der Schiiten ist, zu so etwas wie einer Wallfahrtsstätte geworden – und nur zu diesem Termin lohnt sich eigentlich ein Besuch der heute immerhin ca. 80 000 Köpfe zählenden Ortschaft. Vom westlichen Stadtrand aus können Sie mit bloßem Auge die ersten Artilleriestellungen der Israelis und ihrer SLA-Verbündeten ausmachen: Auf jedem größeren Hügel thront in einer Luftlinienentfernung von 3 bis 4 km ein massiger Erdwall, der die Kanonen umschließt – und die treten durchaus öfter in Aktion. *Rund 35 km von Saida aus*

Tempel von Echmoun (114 / B 2)

★ Nur gut 1 km von Saida entfernt. Im Tal des Awali auf einem Stück Land, das seit alters her den Namen Bustan Al Sheich, Garten des Scheichs, trägt. Der einzige Phöniziertempel aus der Zeit, als die Perser über Phönizien herrschten (ca. 6. Jh. v. Chr.). Echmoun, der Stadtgott des antiken Sidon (Saida), galt als Heiler und Helfer, dem griechischen Aesculapius vergleichbar. König Echmounazar vollendete den von seiner Mutter Amo'astarte begonnenen Bau. Sein Sarkophag, 1855 von Hobbyarchäologen (französische Diplomaten) gefunden und heute im Louvre in Paris, weist die längste phönizische Inschrift auf, die bis dato ans Licht gekommen war.

Gegenüber, am nördlichen Ufer des Awali, steht das Dorf El Maan – viele der alten Häuser wurden mit Steinen aus dem Tempelbezirk errichtet. Die kleine Straße, die von El Maan aus den Berg emporklettert, führt nach Jun. Hier liegt Lady Hester Stanhope begraben, die exzentrische englische Aristokratin, die sich Anfang des 19. Jhs. hier niederließ, fleißig in der lokalen Politik mitmischte, durchreisende Forscher und Dichter wie 1832 Lamartine empfing und schließlich 1839 völlig verarmt starb.

TYRUS

(114 / A 5) Das heutige Tyrus (arab. Sour) erstreckt sich auf einer weit ins Meer ragenden Landzunge. Deren Spitze bildete in alten Zeiten eine Insel für sich, nur über einen Damm mit dem Festland verbunden. Auf die Insel zogen die Tyrener sich bei Belagerung zurück. Anlaß dazu hatten sie oft genug. Der Damm ist heutzutage so breit, daß man ihn gar nicht mehr sieht. An seinem ehemaligen Nordrand liegen der Fischerhafen, das alte Serail, das heute als Gefängnis dient, sowie *Le Phénicien,* das beste Restaurant der Stadt. Am Südrand der Ortschaft finden Sie ★ die berühmte römische Nekropole, das Hippodrom, den Triumphbogen, kurz all das, weshalb auch schon vor dem (letzten) Krieg die Touristen hierherströmten.

Es versteht sich, daß angesichts der gegebenen Umstände Tyrus auswärtigen Besuchern nicht allzuviel zu bieten hat, eine touristische Infrastruktur ist so gut wie nicht vorhanden. Geht es nach dem Willen des Tourismusministeriums in Beirut, soll sich das bald ändern und eine wirtschaftliche Blütezeit beginnen.

Am Hafen finden Sie, nebenbei, auch das Hauptquartier der Uno-Truppen, bei denen Sie sich tunlichst anmelden sollten, wenn Sie trotz allem eine Fahrt ins Hinterland unternehmen möchten. Die Unifil oder, so ihr vollständiger Name, United Nations Interim Force in Lebanon, umfaßt Truppen aus mehreren Ländern, darunter auch Kontingente von den Fidschiinseln, aus Nepal, Irland, Senegal und Norwegen. Der Witz liegt indes beim Wort »Interim«: Seit 1978, immerhin nun schon seit über 20 Jahren, sind die Blauhelme hier, um den Frieden zu sichern, der erst einmal geschlossen werden müßte. An manchen Imbißständen in den Bergdörfern hängt die Speisekarte schon auf Fidschi aus – so sehr hat man sich inzwischen aneinander gewöhnt. Doch genug der Lästerei: Die Stadt, die heute ca. 100 000 Ew. zählt, hat im Lauf ihrer mehrtausendjährigen Geschichte schon viele Hochs und Tiefs erlebt, ganz wie im Wechsel der Gezeiten, im Rhythmus des Meeres. Das war auch zu Herodots Zeiten nicht anders, der im 5. Jh. v. Chr. Tyrus besuchte und sich dabei von den Priestern des Melkart-Tempels erzählen ließ, wann genau die Stadt gegründet wurde: 2750 v. Chr. Nicht mehr Melkart, dem griechischen Herakles ähnlich, wird hier heute verehrt – die Bevölkerung von Tyrus folgt im Gegensatz zum sunnitischen Saida mehrheitlich der schiitischen Glaubensrichtung des Islam. Allahu Akbar – das Jabel Amal College am südöstlichen

Ortsausgang ist eines der einflußreichsten theologischen Zentren des Schiitentums im Libanon. Hier wurde, und darauf sind manche Einwohner ganz besonders stolz, der Grundstein für die islamische Revolution im Iran gelegt, so manche der dort später führenden Ayatollahs und Würdenträger erhielten ihr Rüstzeug hier. Vom Iran aus strahlte die Bewegung zurück in den Libanon: eine gegenseitige »Befruchtung«, die viele Libanesen allerdings auch mit Sorge betrachten. Trotzdem zählt die Stadt, ganz wie zu Zeiten der Kreuzfahrer, auch heute christliche Bischofssitze – obwohl viele christliche Schäfchen geflüchtet sind.

RESTAURANTS

Le Phénicien

★ Das Beste, was es südlich von Saida gibt. Hervorragenden Fisch und, ganz untypisch für den Libanon: Mezze aus und mit Fisch und sonstigen Meerestieren. Habib Haddid, der Besitzer, lernte einst im Nizzaer Negresco und verwirklichte sich hier den Traum vom eigenen Restaurant – er hat im Lauf der Kriegsjahre auch eine Dependance in Ostbeirut eröffnet. Das Essen ist dort zwar genauso gut, aber die Atmosphäre im Hafen von Tyrus – von der Terrasse schaut man auf das Meer – läßt sich nicht übertragen. Hier also das Original: *direkt an der Hafenstraße, 20 Schritte vom alten Serail (Gefängnis) entfernt, nach rechts, Tel. 07/74 05 64; Beirut: Horch Tabet, Stadtteil Sinn El Fil, 4. Querstraße links vom Rond-Point Hayek, beim Romano 222, einem italienischen Restaurant, Tel. 01/48 25 31, beide Kategorie 2*

Snacks

Ein Tip für schmale Geldbörsen sind die vielen kleinen Snacks und Coffee-Shops entlang der Strandpromenade. Dort gibt es auf die schnelle und für 2000, 3000 Lira ein Sandwich für den kleinen Hunger zwischendurch.

Die besten Mana'ish (Singular: Man'ushi) führt *Abu Maher,* ein endlich wiederaufgebauter Snack an der Küstenstraße schräg gegenüber der Ölraffinerie von Jiyeh auf der linken Seite.

HOTEL

Mounes

Das für Saida empfohlene Haus bietet sich auch für Tyrus an – sozusagen umständehalber. *216 Zi., in Khaizaran der Küstenstraße Saida–Tyrus, Tel. 07/72 19 06 oder 72 49 32, aber auch 01/86 11 68 oder 86 48 06 (Beiruter Leitung), Fax 01/60 30 63, Kategorie 1–2*

ZIEL IN DER UMGEBUNG

Qana   (114/B 5)

★ Das verträumte Dörfchen tief im Süden, gut 15 km südöstlich von Tyrus in den Bergen, soll bald aus seinem Dornröschenschlaf erwachen. So will es zumindest das Beiruter Tourismusministerium. Seitdem die zwölf in den Felsen gehauenen Apostelfiguren (reichlich verwittert, aber erkennbar) gefunden wurden, herrscht hier zuweilen helle Aufregung. Wichtigster Fund der Archäologen bleibt indes die Sammlung von Steinkrügen: Genauso, wie sie in der Bibel beschrieben wurden, stehen sie noch heute da, steinerne Zeugen des Wunders der Hochzeit zu Kana. Das Evangelium lokalisiert den Ort des Wunders zwar als »Kana in Galiläa«, das, sagen libanesische Archäologen, muß aber nichts heißen: Galiläa (arab. Jalil) ist auch der Name eines Propheten, der in diesem Dörfchen hier in alter Zeit verehrt wurde. Jalil sei daher keineswegs nur geographisch zu verstehen, und überdies gehörte die Bergregion des Jabel Amel und Obergaliläas ja schließlich zusammen. Die politische Grenze zwischen Israel und Libanon ist, und da haben sie recht, eine Erfindung der Neuzeit. Der Papst wurde bereits informiert, die kleine bescheidene Kirche von Qana soll vergrößert werden, um künftige Pilger zu empfangen – ein Pilgerrummel scheint sich abzuzeichnen. Für den Aufstieg zur Grotte Al Dallafé brauchen Sie festes Schuhwerk. Das Innere der wundersamen Stätte ist heute völlig ausgebrannt. Israelische Soldaten legten 1982 Feuer, weil sie darin palästinensische Fedayyin vermuteten. Der zweite Grund, Qana zu besuchen, liegt heute für viele Besucher direkt an der Hauptstraße: Das Mausoleum mit 102 Gräbern unterhalb des UN-Stützpunkts erinnert an die Zivilisten, die hier am 18. April 1996 durch israelische Bomben zu Tode kamen.

Da die Zeitläufte heutzutage noch nicht so friedlich sind, wie es einem geweihten Ort angemessen wäre, hier eine Warnung: Es ist dringend davon abzuraten, von Qana aus weiter ins Landesinnere zu fahren! Die israelische Artillerie steht auf den Hügeln südlich des Dörfchens, nur 6 km weiter nach Süden beginnt die sogenannte Sicherheitszone.

Antike Tempel und Palais der Feudalzeit

Die hier beschriebenen Routen sind in der Übersichtskarte im vorderen Umschlag und im Reiseatlas ab Seite 110 grün markiert

① AUF DEN SPUREN DER RÖMER DURCH DIE WESTLICHE BEKAA

Diese Tour entführt Sie in eine Gegend, deren Ortschaften auch heute nur z. T. in den Karten verzeichnet sind. Die westliche Bekaa, geographisch korrekt ihre südliche Hälfte, bildet nicht nur im Wortsinn das Hinterland des Zedernstaates. Beirut, die Glitzerwelt der levantinischen Metropole, scheint auf einem anderen Stern zu liegen. Wenn Sie durch diese menschenleere, aber höchst reizvolle, zuweilen herbe Landschaft fahren, durch steinige Wadis, über windige Hochebenen, vorbei an schroffen Felsen und nur spärlich bewachsenen Bergen: Hier finden Sie den Libanon, wie er eben nicht im Buche steht. Schon zwei Jahrtausende vor Ihnen streiften die Römer durch dieses Gebiet, unzählige Tempel und Tempelchen, Ruinen, mal mehr, mal weniger erhalten, finden sich zumeist an strategisch günstiger Stelle. Exponiert auf Hügelkuppen, künden sie noch heute von der damaligen Präsenz des Imperium Romanum. Was die Römer letztlich bewog, ihre steinernen »Duftmarken« hier zu hinterlassen, darüber kann nur spekuliert werden – ob aus Frömmigkeit, ob zum Schutz der al-ten Handelsstraßen. Wie dem auch sei, ein Besuch dieser Außenposten des Römischen Reichs vermittelt auf jeden Fall einen Eindruck von den bestechenden Kontrasten, die der Libanon zu bieten hat. Allradantrieb ist zumindest für Kasr El Wadi zu empfehlen, und haben Sie im übrigen keine Angst vor der südlichen Bekaa: Sie werden die israelische Artillerie vielleicht hören, doch gibt es nichts zu fürchten. Dauer: ein Tag.

Sie beginnen Ihren Trip in *Chtaura (S. 76)*, auf der Straße, die zur syrischen Grenze führt. Nach ca. 8 km biegen Sie beim Schild »Merj/Joub Jannine« rechts ab. 13 km weiter ist das Dorf *Dekweh* erreicht. Hinter der großen Schule geht es links auf die Berge zu, hinter den letzten Häusern erhebt sich der *Tempel von Dekweh*, renoviert und fast vollständig erhalten, klein, aber fein sozusagen. Da nicht ausgeschildert ist, fragen Sie am besten die Einheimischen. Weiter geht's auf der Dorfhauptstraße nach Süden. Gut 4 km hinter *Ghazzé* wenden Sie sich nach links, nach *Kamed El Laouz*. In diesem Dorf befindet sich eine *Kultstätte*, die auf das 4. Jahrtausend v. Chr. zurückgeht. Deutsche Grabungen (1963–81) förderten sie zutage, kriegsbedingt wurden sie unterbrochen und sind derzeit abgedeckt. Gut zu sehen ist dagegen der *Omayaden-Steinbruch* nahe der Hauptstraße. Nestorianische Christen aus dem Irak brachen hier Steine für die Omayadenstadt *Anjar (S. 72)*. Werfen Sie auch einen Blick auf die aramäischen Inschriften und die Felsengräber! Wenn es auf der Hauptstraße Richtung Osten nur noch rechts oder links weitergeht, halten Sie sich rechts, Richtung Rashaya. Der Hauptort dieser Gegend am Fuß des Mount Hermon wird von einer Feste überragt, auf der die Franzosen kurzzeitig den damaligen Präsidenten des Libanon inhaftierten. Zur Zeit wird die Festung von der libanesischen Armee gehalten, die Sie aber bereitwillig durch das kleine Museum führen wird, das an die Ereignisse der vierziger Jahre erinnert. *Rashaya* mit seinen roten Dächern, den alten Häusern und dem Kopfsteinpflaster spiegelt unverfälschte Vorkriegsatmosphäre wider, doch das einst christliche Städtchen wird heute als Kriegsfolge mehrheitlich von Drusen bewohnt. Auch die Armee steht hier nicht ohne Grund: Etwa 12 km weiter südlich beginnt die von Israel besetzte »Sicherheitszone«. In Rashaya sollten Sie sich mit Proviant eindecken oder in einem der kleinen Snacklokale gut zu Mittag essen, denn danach wird es einsam. Der Weg zum nächsten Tempel führt von Rashaya weiter südlich durch das Dorf *Bakkifa,* das für seine Teppichwebereien bekannt ist. Ca. 3 km südlich von Bakkifa ist *Ain Harsha* erreicht. Vom höchsten Punkt des Dorfs führt ein Fußweg (40 Min.) in eine wildromantische Landschaft.

Der zunächst steile, felsige Weg führt zu einem der besterhaltenen *Tempel* im Hermon-Gebiet. Eine griechische Inschrift datiert ihn auf 114/115 v. Chr., ein paar römische Sarkophage künden von der »römischen Übernahme« des Schreins. Die Restaurierung erfolgte 1938/39, vor allem die Westseite ist gut erhalten. Auf dem Weg zurück nach Rashaya sollten Sie noch einmal den *Hermon* genießen: Bis in den Frühsommer schneebedeckt, ist er mit 2745 m der zweithöchste Berg des Libanon. In nördlicher Richtung geht es rund 5 km hinter Rashaya rechts die Berge hoch, an der Straßengabelung nach ca. 7 km halten Sie sich rechts. Die gut asphaltierte Serpentinenstraße führt durch eine malerische Landschaft – Lokalpatrioten sagen »wie in Arizona« – nach *Deir El Aachayer.* Das Dorf hat sich seinen Tempel gleichsam einverleibt, die Häuser reichen bis zur Tempelmauer. Zurück zur Straßengabelung, dann aber halb rechts führt der Weg Richtung *Yanta,* vorbei an *Bakka.* Der Weiler weist ebenfalls einen Tempel auf, und zwar neben der Moschee. Hinter Yanta an der Straßengabelung geht es nach links, über *Aita El Foukhar,* dann ist die Hauptstraße nach Chtaura wieder erreicht. Nach etwa 5 km liegt rechts das Dorf *El Manara,* das früher Hammara hieß. Am hinteren Dorfausgang beginnt das Wadi, sehr steinig, aber trokken. Mit dem Auto gut 20 Minuten immer am Flußbett entlang, dann steht der *Tempel* vor Ihnen, von den Dörflern *Kasr El Wadi* getauft – für den Fall, daß Sie fragen müssen. Auf dem Weg zurück nach Chtaura liegt links auf einem Hügel weithin sichtbar *Majdel Aanjar*. Das *Minarett* der schiitischen Dorfmoschee stammt aus dem 13. Jh., der römische Tempel steht ebenfalls dort. Von einer Steinmauer einst umschlossen, sind ihre Reste heute noch gut zu sehen. Falls Sie jetzt noch Lust auf ein Picknick haben: Kurz vor Chtaura zweigt links der Weg ab nach *Qabb Elias*, gut 6 km weiter bei Ammiq laden 100 ha natürliches Feucht- und Naturschutzgebiet, seltene Vögel, Fische und Schildkröten zur wohlverdienten Rast vor grandioser Naturkulisse.

---

② CHARMANTER ALTER LIBANON IN DEN BERGEN NAHE BEIRUT

Auch der gutwilligste Besucher des Zedernlandes kann sie nicht leugnen, die Bausünden der Neuzeit. Betonklötze allenthalben verschandeln so manche landschaftlich eigentlich schöne Ecke. Falls Sie also wissen wollen, wie es vor 100 bis 200 Jahren in den Dörfern ausgesehen hat – die Ortschaften, die Sie auf dieser Tour in die Berge östlich von Beirut besuchen werden, vermitteln Ihnen auch heute noch eine Ahnung von ihrer Glanzzeit im 17. und 18. Jh. »Lubnan Al Achdar«, der grüne Libanon, heißt ein Lied von Feyrouz, in dem sie das Dorfleben zur damaligen Zeit besingt. Ein bißchen kitschig, ein bißchen sentimental, doch die Libanesen neigen nun einmal dazu, diese Zeit zu idealisieren, auch wenn die Welt durchaus nicht so heil war, wie es scheint, wenn man durch die Straßen und über die Plätze streift und die so überaus geschmackvolle Architektur der guten alten Zeit auf sich wirken läßt. Schönheitssinn besaßen sie nämlich durchaus, die Bauherren von einst, Feudalfamilien

zumeist, die sich ansonsten zuweilen recht heftig, gelegentlich auch blutig, um die Macht im Land stritten. Nach seinem Sieg in der Schlacht von Ain Dara 1711 machte Haïdar Chéhab, Emir des Mt. Liban, die Chefs (oder Muqaddamin) des Abillama-Clans, seine Verbündeten, ebenfalls zu Emiren. Die Abillama-Sippe, wie die Chéhabs ursprünglich Drusen, doch später zum Christentum konvertiert, nahm sich auch sonst ein Beispiel an ihrem Gönner: *Deir El Kamar (S. 46)* im Chouf, der Sitz der Chéhabs, geriet zum Vorbild für die Dörfer im Metn, der nördlich angrenzenden Bergregion. *Mtein* vor allem, Stammsitz der »Nordlichter«, wandelte sich in der Folge zum architektonischen Kleinod. Der dort gepflegte Baustil fand auch in umliegenden Ortschaften seine Nachahmer. Diesem Stil folgen auch heute wieder so manche wohlhabende Libanesen. Die Restaurierung der alten Häuser ist nicht billig, Denkmalschutzsubventionen staatlicherseits gibt es so gut wie gar nicht – die öffentlichen Kassen sind leer nach den langen Kriegsjahren. Privater Initiative ist es daher zu danken, daß uns die Welt der Feudalepoche erhalten blieb. Dauer: ein guter halber Tag.

Sie beginnen Ihre Rundreise in *Broumana (S. 51)* und *Beit Mery (S. 51)*, zwei Dörfern, deren alte Ortskerne mit ihren Kalksteinfassaden, den schmiedeeisernen Ziergittern vor den Fenstern und den so typischen drei Rundbogenfenstern in der Hausmitte Sie einstimmen auf »damals«. Weiter geht's von Beit Mery hinab ins Tal des Metn-Flusses. Bei *Ras El Metn* beginnt der landschaftlich schönste Teil der Strecke durch durch die Berge. Nach etwa 8 km, wenn es nur noch links oder rechts weitergeht, halten Sie sich links (rechter Hand weist ein Hinweisschild auf Hammana hin). Nach 11 km durch Pinienwälder mit Aussicht auf die noch höher gelegenen Berghöhen ist *Mtein* erreicht, wo rund um den zentralen Platz in der Dorfmitte die wichtigsten Sehenswürdigkeiten versammelt sind: im Westen der ehemalige Justizpalast mit seinem gelb-weißen Doppelportal. Die Farben sind nicht etwa aufgemalt: Für diese sogenannte Abla-Technik benutzt man verschiedenfarbige Steine. Auf zwei Bänken am Eingang und entlang der Fassade konnten die Kontrahenten früher warten, bis ihre Sache verhandelt wurde – die Feudalherren sprachen auch Recht. Diese Bänke dienten andererseits auch als Logenplätze für die Zuschauer diverser Festlichkeiten und Reiterspiele: Der »Midan« war Zentrum des gesamten Dorflebens. Die Paläste im Osten und Süden des Platzes stammen aus der gleichen Zeit. Hinter dem Südpalais sehen Sie ein kleines Grabmal, von einer Kuppel bekrönt. In dieser »Kubbeh« ruhen die ersten, noch drusischen Mitglieder der Abillama-Familie. Die gut 6000 Einwohner des Orts, dessen bauliche Veränderungen heute von der libanesischen Altertümerverwaltung beaufsichtigt werden, lebten früher, wie so viele im Mt. Liban, vor allem von der Seidenraupenzucht und der damit einhergehenden Textilherstellung und -verarbeitung. Die Steuerlast, die die Feudalherren bzw. Großgrundbesitzer den Bauern auferlegten, führte besonders im 19. Jh. immer wieder zu Aufständen, doch gab es auch Phasen der Prosperität, wie die vielen alten Patrizierhäuser erkennen lassen. Heute ist die Gegend hier im Hohen Metn wegen ihres vorzüglichen Arraks bekannt, der flüssigen Frucht der Weinberge, die den Dörflern gehören. Sie folgen der Hauptstraße bis zur Straßenkreuzung von *Douar,* dort führt der Weg rechter Hand weiter nach *Bikfaya (S. 51).* Wer von der Feudalvergangenheit genug hat, fährt nun hinunter an die Küste. Wer indes die Berge noch ein bißchen näher kennenlernen möchte, nimmt am nördlichen Ortsausgang die Straße nach *Bteghrine,* die gut 12 km weiter nach *Baskinta* führt. Das Dorf, eines der höchstgelegenen in dieser Bergregion, ist berühmt für seine Kirschen. Die Höhe macht's, so die Einheimischen, und die damit verbundene Winterkälte. So manche alten Gemäuer, u. a. auch Klöster, weisen auch hier auf die architektonische Glanzzeit hin. Der Weg hinab zur Küste führt über *Mazraat Kfardibiane* und *Ajaltoun (S. 57)* hinunter zum *Nahr El Kelb.* Nach einem kleinen Stück auf der stets verstopften Küstenautobahn geht es jedoch rechts wieder hinauf: *Zouk Mkayel* mit seinem pittoresken, liebevoll und komplett restaurierten Ortskern wartet auf mit vielen Lädchen, die lokales Kunsthandwerk offerieren – ein richtiges Museumsdorf ist hier wiedererstanden. Für den Hunger empfiehlt sich *La Tourace (Tel. 09/91 37 16 oder 83 07 08, Alte Hauptstraße, 1. Stock, Kategorie 2),* übrigens auch vom Außenminister geschätzt, dessen Haus ganz in der Nähe liegt. Im Lokal ist es etwas eng, doch müssen Sie keine Feudalherren sein, um hier bei Mezze und Co. den Tag geruhsam zu beschließen.

Von Auskunft bis Zoll

Kurz und prägnant: die wichtigsten Informationen und Adressen für Ihre Reise in den Libanon

AUSKUNFT

Libanesische Botschaft Bonn
*53173 Bonn-Bad Godesberg, Rhein-
allee 27, Mo–Fr 9–12 Uhr, Tel.
02 28/95 68 00, Fax 35 75 60*

Libanesische Botschaft Bern
*3074 Muri bei Bern, Thunstr. 10,
Mo–Fr 8.30–13.30 Uhr, Tel. 0 31/
9 51 29 72, Fax 9 51 81 19*

Libanesische Botschaft Wien
*1010 Wien, Oppolzergasse 6/3,
Mo–Fr 9.15–12.30 Uhr, Tel. 01/
53 38 82 10, Fax 5 33 49 84*

**Libanesisches
Fremdenverkehrsamt**
*60329 Frankfurt/M., Wiesenhütten-
platz 26, Tel. 0 69/2426470, Fax
24 26 47 22*

*Oder Sie erkundigen sich bei der Bot-
schaft in Ihrem Land bzw. beim Büro
von Middle East Airlines (MEA), wo
man Sie bereitwillig berät: 60329
Frankfurt, Düsseldorfer Str. 1–7, Mo
bis Fr 8.30–17.30 Uhr, Herr Heintze,
Tel. 0 69/23 91 66, Fax 23 29 52*

In Beirut
*Conseil National pour le Tourisme,
550 Rue Banque du Liban,*
*Mo–Fr 8–14, Sa 8–13 Uhr, Tel.
01/34 31 96 oder 34 59 66*

BANKEN/GELDWECHSEL

Nur in den ganz großen Hotels
gibt es einen Bankschalter, ansonsten können Sie Ihre Devisen
problemlos in jeder Bank um-
wechseln. Die Banken öffnen
ihre Schalter um 8 und schließen
sie wieder um 14 Uhr. Wer nach-
mittags oder zwischendurch tauschen möchte: An fast jeder Ecke
gibt es Geldwechsler. Deutsche
Eurocheques werden zur Zeit
noch recht selten akzeptiert. Mit
Kreditkarten hingegen können
Sie immer häufiger in Hotels,
Restaurants und bei den Fluggesellschaften bezahlen. Am Beiruter Flughafen, vor der Zollkontrolle, können Sie ebenfalls Geld
wechseln.

BUSSE

Die ersten Busse verkehren zwar
wieder im Stadtgebiet von Beirut,
doch für Rucksacktouristen ist
wohl eher die Busverbindung
Beirut–Tripoli von Bedeutung.
*Abfahrt am Barbir-Krankenhaus,
Kosten: 2000 Lira*

Ausgewiesene Campingplätze gibt es nicht. Wildes Campen ist zwar theoretisch möglich, sollte aus Sicherheitsgründen aber tunlichst unterlassen werden.

DIPLOMATISCHE VERTRETUNG

Deutschland

Die deutsche Botschaft liegt etwas nordöstlich von Beirut im Vorort Rabieh-Mtaileb. *Nahe der School of Jesus and Mary, Mo–Fr 9–14 Uhr, Tel. 01/40 69 50 bzw. 51 oder über Satellit: Tel. 0 08 73/ 1 12 04 45 (pro Minute ca. 16 Mark), Satellitenfax 0 08 73/1 12 04 51*

Österreich

Wie lange ein Krieg nachwirken kann, zeigt auch Österreichs Botschaft in Beirut. Sie ist immer noch geschlossen. Es gibt zwar einen designierten Botschafter, doch dessen Amtssitz ist bis auf weiteres Wien. Es gibt allerdings ein funktionierendes Honorarkonsulat: *Saida, Rue Riad El Solh, c/o Assurex s.a.l., Immeuble El Tanmiah, 2nd Floor, Tel. 07/253 12*

Schweiz

Das jahrelange Provisorium, demzufolge die Schweizer Botschaft in Jordanien für den Libanon zuständig war, ist inzwischen beendet worden: *Centre Debs, 9ième Etage, Kaslik, P.O. Box 2008 oder 172, Mo–Fr 8.30–11 Uhr, Tel. 09/93 88 94*

EINREISE

Für die Einreise in den Libanon muß Ihr Reisepaß noch mindestens drei Monate gültig sein, und – besonders wichtig! – er darf auch keinen israelischen Sichtvermerk enthalten. Die über Jahre hinweg – kriegsbedingt – verfügten Visarestriktionen sind entfallen: Bürger von EU-Staaten erhalten ihr Visum nun direkt am Flughafen. Vor der Zollkontrolle rechts befindet sich der Schalter, an dem Sie das erste Geld tauschen können und wo es – gegen knapp 30 Mark – die Visamarke gibt, die der Zöllner dann in Ihren Paß kleben wird. Das Visum gilt für 14 Tage und kann bei Bedarf verlängert werden. Ihr Hotel kümmert sich darum, oder aber Sie gehen selbst zur Municipalité (Rathaus).

Falls sie eine Weiterreise nach Syrien planen, empfiehlt es sich, schon vorab in Deutschland ein syrisches Visum zu besorgen.

FOTOGRAFIEREN

Checkpoints und alles, was zum militärischen Bereich gehört, meiden Sie besser. Aus religiösen Gründen lassen sich in den moslemischen Landesteilen Frauen, anderswo aber z.B. auch die Drusenscheichs nicht immer oder nur sehr ungern fotografieren. Filme können Sie überall kaufen, doch empfiehlt es sich gelegentlich, auf das Verfallsdatum zu achten. Die Preise liegen ähnlich wie in Deutschland.

KLEIDUNG

Sommerliche, leichte Kleidung reicht normalerweise völlig aus. Im Winter, aber auch im Frühjahr, ist für abends vor allem in den Bergen ein dicker Pullover anzuraten. Es versteht sich, daß Frauen, wenn Sie eine Moschee besuchen, nicht im Minirock oder in Shorts auftreten. Letzteres gilt auch für Männer.

MIETWAGEN

Die mörderische Art, in der libanesische Autofahrer sich über die Straßen bewegen, schockiert selbst Fahrer, die einiges gewöhnt sind. Schon deshalb sollten Sie sich lieber nicht selbst hinters Steuer setzen. Außerdem unterhalten nur Avis und Sixt Niederlassungen in Beirut. Reservierungen über Deutschland. *Avis: 0 61 71/ 68 18 00; Sixt: 0 89/ 66 69 50*

NOTARZT

Es gibt im Libanon sehr qualifizierte Ärzte, die gut Englisch oder Französisch sprechen. Die Botschaft oder Ihr Hotel können Ihnen weiterhelfen. Die Behandlung muß meistens in Dollar bar bezahlt werden. Als bestes Krankenhaus in Beirut gilt das *American University Hospital, Tel. 01/86 52 50 bis 55 oder 34 13 10 oder 34 14 60*

POST/TELEFON

Zentrale Postämter gibt es in jedem größeren Ort, doch kann es gelegentlich Wochen dauern, bis Ihre Briefe oder Karten ankommen. Am schnellsten (ca. eine Woche) geht es, wenn Sie Ihre Post am Flughafen Beirut oder im Postamt Shuraan nahe der alten saudischen Botschaft in Westbeirut aufgeben. Selbstverständlich leitet aber auch Ihr Hotel Postkarten an die Lieben daheim weiter. Das Porto beträgt 1500 Lira für eine Karte oder einen Luftpostbrief.

Briefkästen, wo Sie Ihre Post einfach einwerfen könnten, gibt es nicht. Genausowenig haben die Libanesen private Briefkästen. Post aus dem Ausland kann nur der empfangen, der ein Postfach besitzt. Sollten Sie also vielleicht eine dringende Mitteilung von daheim erwarten, geben Sie unbedingt die P.O.-Box-Nummer Ihres Hotels an.

Das Telefonnetz des Libanon ist durch den Krieg schwer beschädigt worden. Deshalb sind die in diesem Führer genannten Telefonnummern auch eher als Hinweis gedacht: Versuchen Sie es, aber erwarten Sie nicht, daß Sie durchkommen – und schon gar nicht auf Anhieb. Das gesamte Leitungsnetz wird derzeit repariert. Aus dem Ausland und in das Ausland funktioniert es schon recht gut, doch innerhalb des Landes ist das eine oder andere Mal durchaus einiges an Geduld vonnöten.

Ins Ausland zu telefonieren ist auf jeden Fall auch in anderer Weise recht einfach: Ihr Hotel verfügt sicherlich über eine Zypern-Leitung (Richtfunktelefon über Zypern) oder ein Satellitentelefon via New York (weniger störanfällig). Ein Gespräch nach Deutschland kostet allerdings je nach Preisklasse Ihres Hotels zwischen 4 und 6 Dollar die Minute. Billiger (ca. 2 Dollar) wird es in den Telefonbüros, die Sie in Beirut z. B. im Umkreis der American University finden, oder aber auf der Post (7000 Lira Mindestgebühr für ein Dreiminutengespräch).

Wenn Sie ein Fax schicken müssen: Die Postämter verfügen nur über Telexgeräte, fürs Fax müssen Sie daher Ihr Hotel oder ein Telefonbüro bemühen. Eine

Faxminute kostet allerdings zwischen 3 und 6 Dollar.

Landesvorwahlnummer für Deutschland: 00 49; für Österreich: 00 43; für die Schweiz: 00 41. Für den Libanon: 0 09 61.

REISEZEIT

Die beste Reisezeit liegt zwischen März und Oktober, im Juli und August kann es an der Küste wegen der hohen Luftfeuchtigkeit sehr schwül werden. Wer freilich zum Skifahren kommen möchte, sollte dies im Februar/ März tun. Dann liegt garantiert genügend Schnee auf den Bergen.

ZOLL

Zollfrei sind alle Dinge des persönlichen Bedarfs, eine Kamera, eine Stange Zigaretten, ein Liter Alkohol. Die Libanesen sind in diesen Dingen eher großzügig, doch bedenken Sie, daß z. B. Zigaretten hier entschieden billiger sind als daheim. Nach Deutschland zollfrei eingeführt werden dürfen: 1 Liter Alkohol über 22 %, 200 Zigaretten oder 100 Zigarillos oder 50 Zigarren oder 250 g Tabak, 50 g Parfüm oder 250 ml Eau de Toilette und andere Artikel (ausgenommen Gold) im Gesamtwert von 350 Mark.

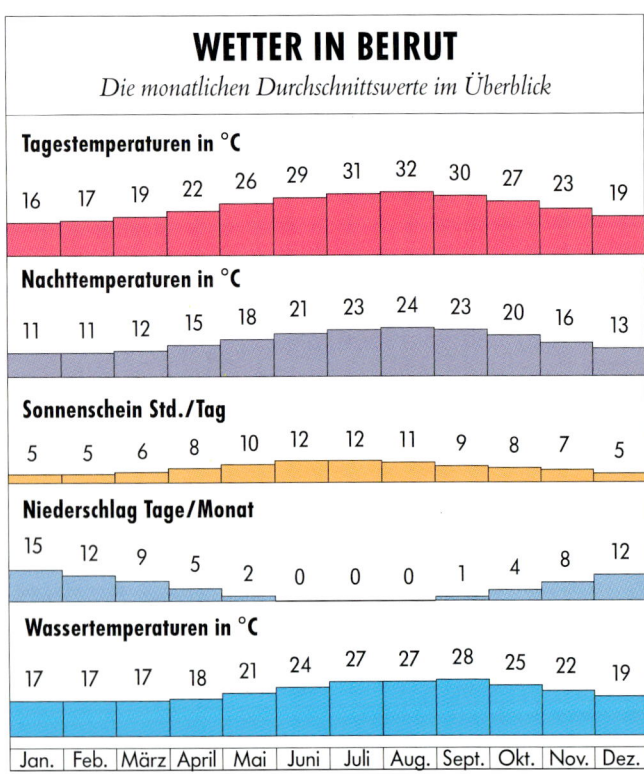

WETTER IN BEIRUT
Die monatlichen Durchschnittswerte im Überblick

Tagestemperaturen in °C

| 16 | 17 | 19 | 22 | 26 | 29 | 31 | 32 | 30 | 27 | 23 | 19 |

Nachttemperaturen in °C

| 11 | 11 | 12 | 15 | 18 | 21 | 23 | 24 | 23 | 20 | 16 | 13 |

Sonnenschein Std./Tag

| 5 | 5 | 6 | 8 | 10 | 12 | 12 | 11 | 9 | 8 | 7 | 5 |

Niederschlag Tage/Monat

| 15 | 12 | 9 | 5 | 2 | 0 | 0 | 0 | 1 | 4 | 8 | 12 |

Wassertemperaturen in °C

| 17 | 17 | 17 | 18 | 21 | 24 | 27 | 27 | 28 | 25 | 22 | 19 |

| Jan. | Feb. | März | April | Mai | Juni | Juli | Aug. | Sept. | Okt. | Nov. | Dez. |

Bloß nicht!

*Im Libanon muß man sich notgedrungen
mit Sicherheitsfragen beschäftigen*

Allgemeines

Der Libanon gehört zur Krisenregion Nahost. Solange der Konflikt mit Israel andauert, wird es im Libanon nicht absolut sicher sein. Wenn es Sie in den tiefen Süden oder die südliche Bekaa zieht: Lesen Sie vorher Zeitung! Denn: Attackiert Hisbollah die Besatzer, fliegen diese Luftangriffe oder bombardieren die Gebiete, wo sie Guerillas vermuten. Die fühlen sich dann nur aufs neue provoziert ... Die Zeit der Geiselnahmen und Kidnappings hingegen ist wohl endgültig vorbei.

Als Frau allein ausgehen

Etwas Erfreuliches vorweg: Alleinreisende Frauen haben es im Libanon wesentlich leichter als irgendwo sonst in der arabischen Welt, denn die sonst so verbreitete »Anmache« gibt es hier so gut wie gar nicht – tagsüber.

Am Abend geht eine Frau hierzulande nicht alleine in Bars oder Nachtclubs, aber auch in Restaurants kann es Ihnen passieren, daß Sie schief angesehen werden. Gehen Sie lieber mittags in ein Lokal und freunden Sie sich mit dem Inhaber an, dann wird man Sie am Abend ohne Probleme empfangen. Mit ein bißchen »Taktik« müssen Sie den Abend keineswegs auf Ihrem Hotelzimmer verbringen.

Zum Thema Kleidung: Sie können anziehen, was Sie wollen, nur in den mehrheitlich moslemischen Landesteilen ist ein kniebedeckender Rock anzuraten.

An Checkpoints nervös werden

Immer wieder werden Sie auf Straßensperren stoßen. In aller Regel winken die Soldaten Sie kommentarlos, manchmal sogar sehr freundlich durch. Wenn nicht, bleiben Sie ganz ruhig, fahren Sie rechts ran, und lassen Sie das Fahrzeug sowie Ihre Papiere kontrollieren. Nur fotografieren dürfen Sie auf keinen Fall.

Abends macht man bei Dunkelheit die Innenbeleuchtung des Autos an, sobald man sich einem Checkpoint nähert. Die Soldaten wollen wissen, wen sie vor sich haben.

An den Checkpoints der libanesischen Armee finden Sie die rot-weiße Fahne mit der grünen Zeder in der Mitte, die Straßensperren der Syrer sind schon an den Porträts des syrischen Präsidenten Hafis Al Assad kenntlich. Auch hier gilt: Ruhe bewahren, es geschieht Ihnen nichts. Sollten Sie an einem Kontrollpunkt Bewaffnete in Zivil erblicken, so handelt es sich um Angehörige des syrischen Geheimdiensts Mukhabarat.

Beirut als Kriegsgebiet ansehen

Trotz allem, was Sie vielleicht in deutschen Medien lesen, ist Beirut eine relativ sichere Stadt, zumindest passiert hier nicht mehr als anderswo auch. Die einstmals berühmt-berüchtigten südlichen Vororte Beiruts können heute problemlos befahren werden. Außer Khomeini-Postern und verslumten, gelegentlich auch zerschossenen Gebäuden ist dort allerdings nicht viel zu sehen.

Bürgerkriegsruinen erkunden

Klettern Sie auf keinen Fall in irgendwelchen Ruinen herum, auch wenn die Aussicht noch so schön oder das Fotomotiv noch so reizvoll wäre – es sind noch längst nicht alle Minen geräumt. Das gilt insbesondere für das alte Stadtzentrum Beiruts, aber fast noch mehr für die Ruinendörfer im Landesinneren.

Im Süden Hinterlanderkundung betreiben

Für Touristen, die als Einzelreisende im Land unterwegs sind, gilt folgendes: Fahren Sie unter keinen Umständen hinter Tyrus ins Landesinnere! Dort beginnt die von den Uno-Truppen kontrollierte Zone, die auch der Hisbollah und anderen als Aufmarschgebiet dient. Auch das Bergland hinter Saida sollten Sie meiden, denn in der Gegend ringsum finden sich noch immer Gruppen und Grüppchen, die hier ihre Trainingslager für den Kampf gegen Israel unterhalten.

In die »Sicherheitszone« eindringen

Von Fahrten in oder nahe an die sogenannten *security zone,* das von Israelis besetzte Gebiet im Süden, ist dringend abzuraten, auch wenn es Mittel und Wege gibt, um hineinzugelangen: Man weiß nie, wann wieder geschossen wird.

Palästinenserlager besuchen

Es versteht sich von selbst, daß die Palästinenserlager nicht auf das Besuchsprogramm von Touristen gehören: Die Leute dort sind verständlicherweise mißtrauisch gegenüber Fremden, auch kommt es verschiedentlich zu Schießereien zwischen Arafat-Anhängern und Arafat-Gegnern.

Uniformphobie entwickeln

An bewaffnete Uniformierte oder an Panzer im Straßenbild müssen Sie sich gewöhnen. Zumeist handelt es sich dabei um Soldaten der libanesischen Armee, und die dienen auch Ihrer Sicherheit. Die libanesischen Soldaten tragen dunkelgrün gefleckte Uniformen, und die Mitglieder der FSI, der Forces de Sécurité Interne, einer Art paramilitärischer Polizei, stecken in grau gefleckten. Haben die Soldaten rote Barette auf dem Kopf, sind sie Militärpolizisten.

Und die Syrer tragen entweder erbsengrüne Uniformen oder gelb-grün gefleckte Tarnanzüge – nur, damit Sie wissen, mit wem Sie es im Zweifelsfall zu tun haben.

Von Israelreisen erzählen

Des weiteren empfiehlt es sich nicht, zumal in moslemischer Gesellschaft, von eventuellen Reisen nach Israel zu erzählen. Bedenken Sie, daß sich der Libanon noch immer im Kriegszustand mit Israel befindet.

Das Glossar enthält alle in diesem Führer genannten Orte, Sehenswürdigkeiten, Museen, Hotels, Restaurants sowie die meisten der unter »Am Abend« und »Einkaufen« genannten Einrichtungen.

Anjar	عنجر
Baalbek	بعلبك
Palmyra Hotel	فندق بالميرا
Römische Tempel	قناطر رومانية
Balamand	بلمند
Batroun	بترون
San Stefano Beach Hotel	اوتيل وسان بح سان ـتيفانو
Beirut	بيروت
Abu Hassan	ابو حسن
Alexandre Hotel	اوتيل الكسندر
Au Vieux Quartier	اوڤيو كارتيية
Basta Tahta	البسطة التحتا
Blue Note	بلو نوت
B-018	بى اوب ١٨
Bourj Hammoud	برخ حمود
Bristol Hotel	اوتيل بريستول
Cavalier Hotel	اوتيل كافالية
City Café	سيتية كافى
Commodore Hotel	اوتيل كومودور
Conseil National pour le Tourisme	المجلس الوطني للسياحة
Cresus	كريزوس
Goldsouk	سوق الذهب
Große Moschee	الجامع الكبير
Hamra	الحمرا
Innenstadt	وسط المدينة
Layalina	ليالينا
Le Chef	لشان
Leuchtturm	المنارة
Lord's Hotel	فندق لوردز
Mashrek Hotel	فندق المشرق
Masrah Al Medina	مسرح المدينة
Mayflower Hotel	فندق مايفلور
Méditerranée Hotel	فندق البحر المتوسط
Mijana	الميجانة
Musée Sursock	متحفسرسق
Nakhal (Reisebüro)	وكالة سفر نخال
Nationalmuseum	المتحف الوطني
Place des Martyrs (»Bourj«)	ساحة الشهداء (البرخ)
Riviera Hotel	فندق ريفيرا
Spaghetteria	سباغتيريا
Stadttheater Beirut	مسرح بيروت
Sultan Brahim	سلطان ابرهيم
Summerland Hotel	فندق سمرلند
Sursock-Viertel	حى سرسق
Tanztheater Caracalla	بالية كركلا
Taubengrotte (Grotte aux Pigeons)	مغارة الحمام

Café Toni .... كافي توني
Casino du Liban .... كازينو لبنان
Centre Amwaj Hotel .... فندق سنتر امواج
Century Park Hotel .... سنتشوري بارك اوتيل
Crêperie .... كرابري
Don Carlos .... دون كارلوس
Equinox .... اكينوكس
Faqra (Auberge de ~) .... فقرا (اوبيرج ~)
Faqra Club Hotel .... فقرا نادي اوتيل
Faraya .... فاريا
Harissa .... حريصا
Jet Set .... جتست
Montemar Hotel .... فندق مونتيمار
Le Relais .... لرليّة
Reyfoun .... ريفون
La Salsa .... لا سالسا
Shark's .... شاركس
Lac de Karaoun .... بحيرة القرعون
Kefraiya .... كفريا
Zedern .... الارز
Saida .... صيدا
Hamam Al Ward .... حمام الورد
Istirahat Saida .... استراحة صيدا
Khan El Franj .... خان الفرنج
Mounes Hotel .... فندق مونس
Murex Hill .... موركس هيل
Nabatiyeh .... نبطية
Napoli .... نابولي
Nkouzi .... نكوزي
Omari-Moschee .... الجامع العمري
Qalaa El Mezzeh .... قلعة المزيه
Qataishiyeh-Moschee .... جامع القطئية
Rmeileh VIP Club .... نادي في آ بي بي – رميله
Tempel von Echmoun .... معبد اثمون
Wasserburg .... القصر البحري
Tripoli .... طرابلس
Abu Nawas .... ابو نواس
Akkar (Schloß von ~) .... عكار (قصر~)
Al Chater Hassan .... الشاطر حسن
Château des Oliviers Hotel .... فندق الزيتونية
Große Moschee .... الجامع الكبير
Hamam Al Jadid .... حمام الجديد
Hamam An Nouri .... حمام النوري
Hamam Ezzedin .... حمام عز الدين
Kanincheninsel .... جزيرة الارانب
Kasr El Wali .... قصر الوالي
Kasr Es Sultan Hotel/Restaurant .... فندق و مطعم قصر السلطان
Khan El Khayatin .... خان الخياطين
Khan El Manzil .... خان المنزل

Sprechen und Verstehen ganz einfach

Zur Erleichterung der Aussprache sind alle arabischen Wörter mit einer einfachen Aussprache (in der mittleren Spalte) versehen.
Folgende Zeichen sind Sonderzeichen für die arabische Aussprache:
t wie das stimmlose engl. „th" in thing, und d wie das stimmhafte „th" in the.
ā, ū, ī werden lang ausgesprochen wie in Hahn, Huhn, Miete.
' ist ein stimmhafter Kehllaut, klingt wie ein aus der Kehle gepreßtes „a".
gh ist ein ungerolltes Zäpfchen-r wie in hochdeutsch waren.

Ja.	na'am	نَعَمْ
Nein.	lā/kallā	لَا/كَلَّا
Bitte.	'afwan	عَفْوًا
Danke!	schukran	شُكْرًا!
Entschuldigung!	'udran	عُذْرًا!
Wie bitte?	na'am	نَعَمْ؟
Können Sie mir bitte helfen?	hal tastatī' (f -īn) musā'adatī min fadlak (f -ik)	هَلْ تَسْتَطِيعُ مُسَاعَدَتِي مِنْ فَضْلِكَ؟
Ich möchte ...	urīd ...	أُرِيدُ ...
Wieviel kostet es?	māda jukallif	مَاذَا يُكَلَّفُ؟
Wieviel Uhr ist es?	kam is-sā'a	كَمِ السَّاعَةُ؟
Bitte, wo ist ...?	min fadlak (f -ik), ain ...	مِنْ فَضْلِك، أَيْنَ ...؟
Guten Tag!	as-salāmu 'alaikum	السَّلَامُ عَلَيْكُمْ!
Guten Abend!	masā l-chair	مَسَاءُ الْخَيْرِ!
Hallo!/Grüß dich!	marhaban	مَرْحَبًا!
Auf Wiedersehen!	ilā l-liqā/ ma'a s-salāma	إِلَى اللِّقَاء/مَعَ السَّلَامَةِ!
Tschüs!	salām	سَلَامٌ!
Hilfe!	an-nadschda	اَلنَّجْدَةَ!

103

PRAKTISCHE INFORMATIONEN

Können Sie mir einen guten Arzt empfehlen?	hal tastatī' an tuschīr 'alajja bi-tabīb	هَلْ تَسْتَطِيعُ أَنْ تُشِيرَ عَلَيَّ بِطَبِيبٍ؟
Ich habe hier Schmerzen.	asch'ur bi-ālām hunā	أَشْعُرُ بِآلَامٍ هُنَا
Wo ist hier bitte eine Bank?	ain jüdschad hunā masrif min fadlak (f -ik)	أَيْنَ يُوجَدُ هُنَا مَصْرِفٌ مِنْ فَضْلِكَ؟
Haben Sie noch Zimmer frei?	hal ladaikum ghurfa …	هَلْ لَدَيْكُمْ غُرْفَةٌ …؟
Wo gibt es hier ein gutes Restaurant?	ain jüdschad hunā mat'am dschajjid	مَطْعَمٌ جَيِّدٌ؟ أَيْنَ يُوجَدُ هُنَا
Auf Ihr Wohl!	fī sihhatak (f -ik)	فِي صِحَّتِكَ!
Bezahlen, bitte.	al-hisāb min fadlak	اَلْحِسَابَ مِنْ فَضْلِكَ
Das Essen war ausgezeichnet.	kān it-ta'ām mumtās	كَانَ الطَّعَامُ مُمْتَازًا

Zahlen

0	sifr	صِفْرٌ – ٠	16	sittata 'aschar	سِتَّةَ عَشَرَ – ١٦
1	wāhid	وَاحِدٌ – ١	17	sab'ata 'aschar	سَبْعَةَ عَشَرَ – ١٧
2	itnān	إِثْنَان – ٢	18	tamānijata 'aschar	ثَمَانِيَةَ عَشَرَ – ١٨
3	talāta	ثَلَاثَةٌ – ٣	19	tis'ata 'aschar	تِسْعَةَ عَشَرَ – ١٩
4	arba'a	أَرْبَعَةٌ – ٤	20	'ischrūn	عِشْرُونَ – ٢٠
5	chamsa	خَمْسَةٌ – ٥	30	talātūn	ثَلَاثُونَ – ٣٠
6	sitta	سِتَّةٌ – ٦	40	arba'ūn	أَرْبَعُونَ – ٤٠
7	sab'a	سَبْعَةٌ – ٧	50	chamsūn	خَمْسُونَ – ٥٠
8	tamānija	ثَمَانِيَةٌ – ٨	60	sittūn	سِتُّونَ – ٦٠
9	tis'a	تِسْعَةٌ – ٩	70	sab'ūn	سَبْعُونَ – ٧٠
10	'aschra	عَشَرَةٌ – ١٠	80	tamānūn	ثَمَانُونَ – ٨٠
11	ahadā 'aschar	أَحَدَ عَشَرَ – ١١	90	tis'ūn	تِسْعُونَ – ٩٠
12	itna 'aschar	إِثْنَا عَشَرَ – ١٢	100	mia	مِئَةٌ – ١٠٠
13	talātata 'aschar	ثَلَاثَةَ عَشَرَ – ١٣	1000	alf	أَلْفٌ – ١٠٠٠
14	arba'ata 'aschar	أَرْبَعَةَ عَشَرَ – ١٤	10000	'aschrat ālāf	عَشَرَةُ آلَافٍ – ١٠٠٠٠
15	chamsata 'aschar	خَمْسَةَ عَشَرَ – ١٥			

Sprechen und Verstehen ganz einfach

Zur Erleichterung der Aussprache sind alle französischen Wörter mit einer einfachen Aussprache (in eckigen Klammern) versehen.

AUF EINEN BLICK

Ja./Nein.	Oui. [ui]/Non. [nong]
Vielleicht.	Peut-être [pöhtätr]
Bitte.	S'il vous plaît. [sil wu plä]
Danke.	Merci. [märsi]
Gern geschehen.	De rien. [dö rjäng]
Entschuldigen Sie!	Excusez-moi! [äksküseh mua]
Wie bitte?	Comment? [kommang]
Ich verstehe Sie/dich nicht.	Je ne comprends pas. [schön kongprang pa]
Ich spreche nur wenig Französisch.	Je parle un tout petit peu français. [schparl äng tu pti pöh frangsä]
Können Sie mir bitte helfen?	Vous pouvez m'aider, s.v.p.? [wu puweh mehdeh sil wu plä]
Sprechen Sie Deutsch/Englisch?	Vous parlez allemand/anglais? [wu parleh almang/anglä]
Ich möchte …	J'aimerais … [schämrä]
Das gefällt mir nicht.	Ça ne me plaît pas. [san mö plä pa]
Haben Sie …?	Vous avez …? [wus_aweh]
Wieviel kostet es?	Combien ça coûte? [kongbjäng sa kut]
Wieviel Uhr ist es?	Quelle heure est-il? [käl_ör ät_il]

KENNENLERNEN

Guten Morgen/Tag!	Bonjour! [bongschur]
Guten Abend!	Bonsoir! [bongsuar]
Hallo!/Grüß dich!	Salut! [salü]
Wie ist Ihr Name, bitte?	Comment vous appelez-vous? [kommang wus_apleh wu]
Wie heißt du?	Comment tu t'appelles? [kommang tü tapäl]
Wie geht es Ihnen/dir?	Comment allez-vous/vas-tu? [kommangt_aleh wu/wa tü]
Danke. Und Ihnen/dir?	Bien, merci. Et vous-même/toi? [bjäng märsi. eh wu mäm/tua]
Auf Wiedersehen!	Au revoir! [oh röwuar]
Tschüs!	Salut! [salü]

Auskunft

links/rechts	à gauche [a gohsch]/à droite [a druat]
geradeaus	tout droit [tu drua]
nah/weit	près [prä]/loin [luäng]
Bitte, wo ist ...?	Pardon, où se trouve ..., s.v.p.?
	[pardong, us truw ... sil wu plä]
Wie weit ist das?	C'est à combien de kilomètres d'ici?
	[sät_a kongbjängd kilomätrö disi]
Welches ist der kürzeste	Quel est le chemin le plus court pour
Weg nach/zu ...?	aller à ...? [käl_äl schömäng lö plü kur
	pur aleh a]

Panne

Ich habe eine Panne.	Je suis en panne. [schö süis_ang pan]
Würden Sie mir bitte einen	Est-ce que vous pouvez m'envoyer une
Abschleppwagen schicken?	dépanneuse, s.v.p.? [äs_kö wu puweh
	mangwuajeh ün dehpanöhs sil wu plä]
Gibt es hier in der Nähe	Est-ce qu'il y a un garage près d'ici?
eine Werkstatt?	[äs_kil_ja äng garasch prä disi]
... ist defekt.	... est défectueux. [... ä dehfäktüöh]

Tankstelle

Wo ist bitte die nächste	Pardon, Mme/Mlle/M., où est la station-
Tankstelle?	service la plus proche, s.v.p.?
	[pardong madam/madmuasäl/mösjöh u ä
	la stasjong särwis la plü prosch sil wu plä]
Ich möchte ... Liter.	... litres, s'il vous plaît. [litrö sil wu plä]
Super.	Du super. [dü süpär]
Diesel.	Du gas-oil. [dü gasual]
bleifrei/mit ... Oktan.	Du sans-plomb/... octanes.
	[dü sang plong/ ... oktan]
Volltanken, bitte.	Le plein, s.v.p. [lö pläng sil wu plä]

Unfall

Hilfe!	Au secours! [oh skur]
Achtung!	Attention! [atangsjong]
Rufen Sie bitte schnell ...	Appelez vite ... [apleh wit]
... einen Krankenwagen.	... une ambulance. [ün_angbülangs]
... die Polizei.	... la police. [la polis]
... die Feuerwehr.	... les pompiers. [leh pongpjeh]
Es war meine Schuld.	C'est moi qui suis en tort.
	[sä mua ki süis_ang torr]
Es war Ihre Schuld.	C'est vous qui êtes en tort.
	[sä wu ki äts_ang torr]
Geben Sie mir bitte Ihren	Vous pouvez me donner votre nom
Namen und Ihre Anschrift!	et votre adresse? [wu puweh mö donneh
	wottrö nong eh wottr_adräs]

ESSEN/UNTERHALTUNG

Wo gibt es hier …
Vous pourriez m'indiquer…
[wu purjeh mängdikeh]

… ein gutes Restaurant?
… un bon restaurant?
[äng bong rästorang]

… ein nicht zu teures Restaurant?
… un restaurant pas trop cher?
[äng rästorang pa troh schär]

Gibt es hier eine gemütliche Kneipe?
Y-a-t'il un café (bistrot) sympa, dans le coin? [jatihl äng kafeh (bistroh) sängpa dang lö kuäng]

Reservieren Sie uns bitte für heute abend einen Tisch für 4 Personen.
Je voudrais réserver une table pour ce soir, pour quatre personnes. [schwudrä räsehrweh ün tablö pur sö suar pur kat pärsonn]

Wo sind bitte die Toiletten?
Où sont les W.-C., s.v.p.?
[u song leh wehseh sil wu plä]

Auf Ihr Wohl!
A votre santé!/A la vôtre!
[a wottr sangteh/a la wohtr]

Bezahlen, bitte.
L'addition, s.v.p. [ladisjong sil wu plä]

Hat es geschmeckt?
C'était bon? [sehtä bong]

Das Essen war ausgezeichnet.
Le repas était excellent.
[lö röpa ehtät_äksälang]

ÜBERNACHTUNG

Können Sie mir bitte … empfehlen?
Pardon, Mme/Mlle/M., vous pourriez recommander …? [pardong madam/madmuasäl/mösjöh wu purjeh rökommangdeh]

… ein gutes Hotel
… un bon hôtel [äng bonn_ohtäl]

… eine Pension
… une pension de famille [ün pangsjongd famij]

Haben Sie noch …?
Est-ce que vous avez encore …? [äs_kö wus_aweh angkorr]

… ein Einzelzimmer
… une chambre pour une personne [ün schangbr pur ün pärsonn]

… ein Zweibettzimmer
… une chambre pour deux personnes [ün schangbr pur döh pärsonn]

… mit Bad
… avec salle de bains [awäk sal dö bäng]

… für eine Nacht
… pour une nuit [pür ün nüi]

… für eine Woche
… pour une semaine [pur ün sömän]

Was kostet das Zimmer mit …
Quel est le prix de la chambre, … [käl_ä lö prid la schangbr]

… Frühstück?
… petit déjeuner compris? [pti dehschöneh kongpri]

… Halbpension?
… en demi-pension? [ang dmi pangsjong]

Arzt

Können Sie mir einen guten Arzt empfehlen?

Vous pourriez recommander un bon médecin, s.v.p.?
[wu purjeh rökommangdeh äng bong mehdsäng sil wu plä]

Ich habe hier Schmerzen.

J'ai mal ici. [scheh mal isi]

Bank

Wo ist hier bitte …

Pardon, je cherche …
[pardong schö schärsch]

… eine Bank?

… une banque? [ün bangk]

… eine Wechselstube?

… un bureau de change.
[äng büroh schangsch]

Ich möchte … DM (Schilling, Schweizer Franken) in Francs wechseln.

Je voudrais changer … marks (schilling, francs suisses) en francs.
[schwudrä schangscheh … mark (schiling, frang süis) ang frang]

Post

Was kostet …

Quel est le tarif pour affranchir …
[käl_ä lö tarif pur afrangschir]

… ein Brief …

… des lettres … [deh lätr]

… eine Postkarte …

… des cartes postales …
[deh kart postal]

… nach Deutschland?

… pour l'Allemagne? [pur lalmanj]

Zahlen

0	zéro [sehroh]		20	vingt [wäng]	
1	un, une [äng, ühn]		21	vingt et un, une	
2	deux [döh]			[wängt_eh äng, ühn]	
3	trois [trua]		22	vingt-deux [wängt döh]	
4	quatre [katr]		30	trente [trangt]	
5	cinq [sängk]		40	quarante [karangt]	
6	six [sis]		50	cinquante [sängkangt]	
7	sept [sät]		60	soixante [suasangt]	
8	huit [üit]		70	soixante-dix [suasangt dis]	
9	neuf [nöf]		80	quatre-vingt [katrö wäng]	
10	dix [dis]		90	quatre-vingt-dix	
11	onze [ongs]			[katrö wäng dis]	
12	douze [dus]		100	cent [sang]	
13	treize [träs]		200	deux cents [döh sang]	
14	quatorze [kators]		1000	mille [mil]	
15	quinze [kängs]		2000	deux mille [döh mil]	
16	seize [säs]		10000	dix mille [di mil]	
17	dix-sept [disät]				
18	dix-huit [disüit]		1/2	un demi [äng dmi]	
19	dix-neuf [disnöf]		1/4	un quart [äng kar]	

Reiseatlas Libanon

Die Seiteneinteilung für den Reiseatlas finden Sie
auf dem hinteren Umschlag dieses Reiseführers

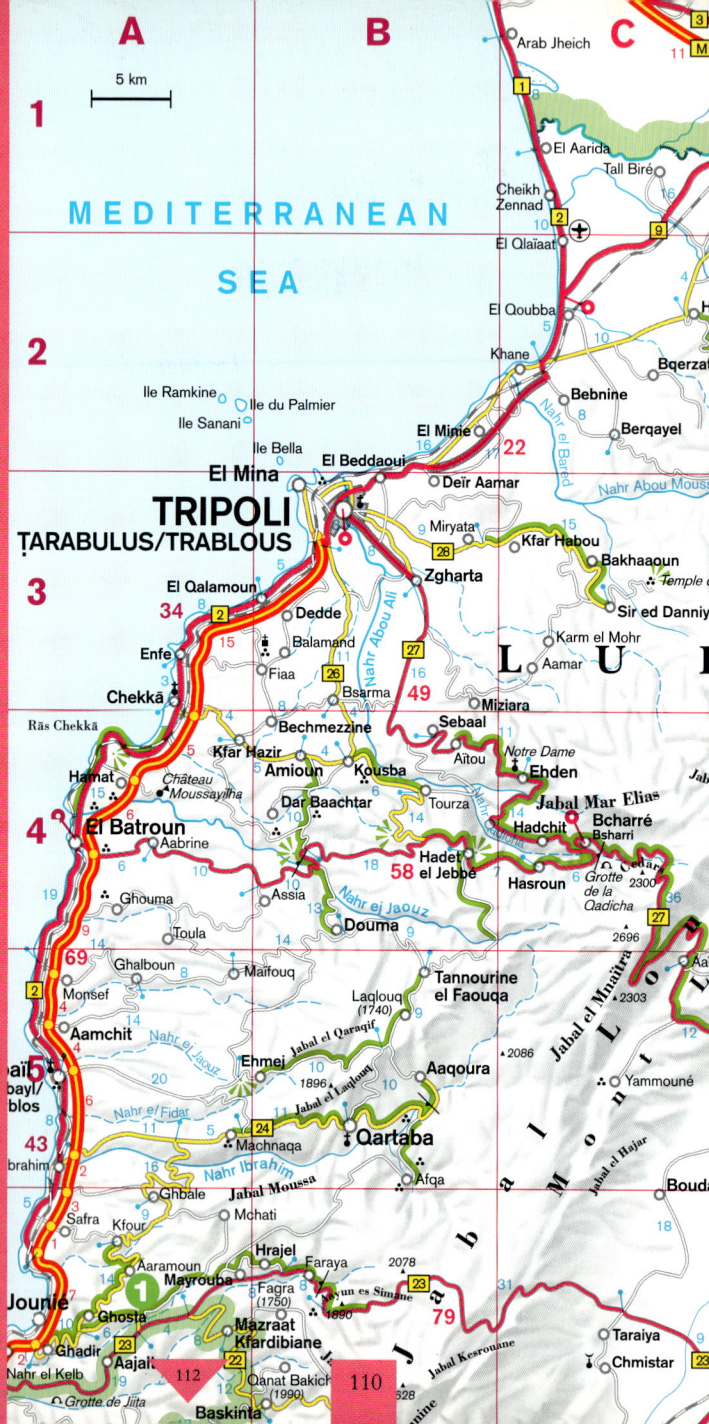

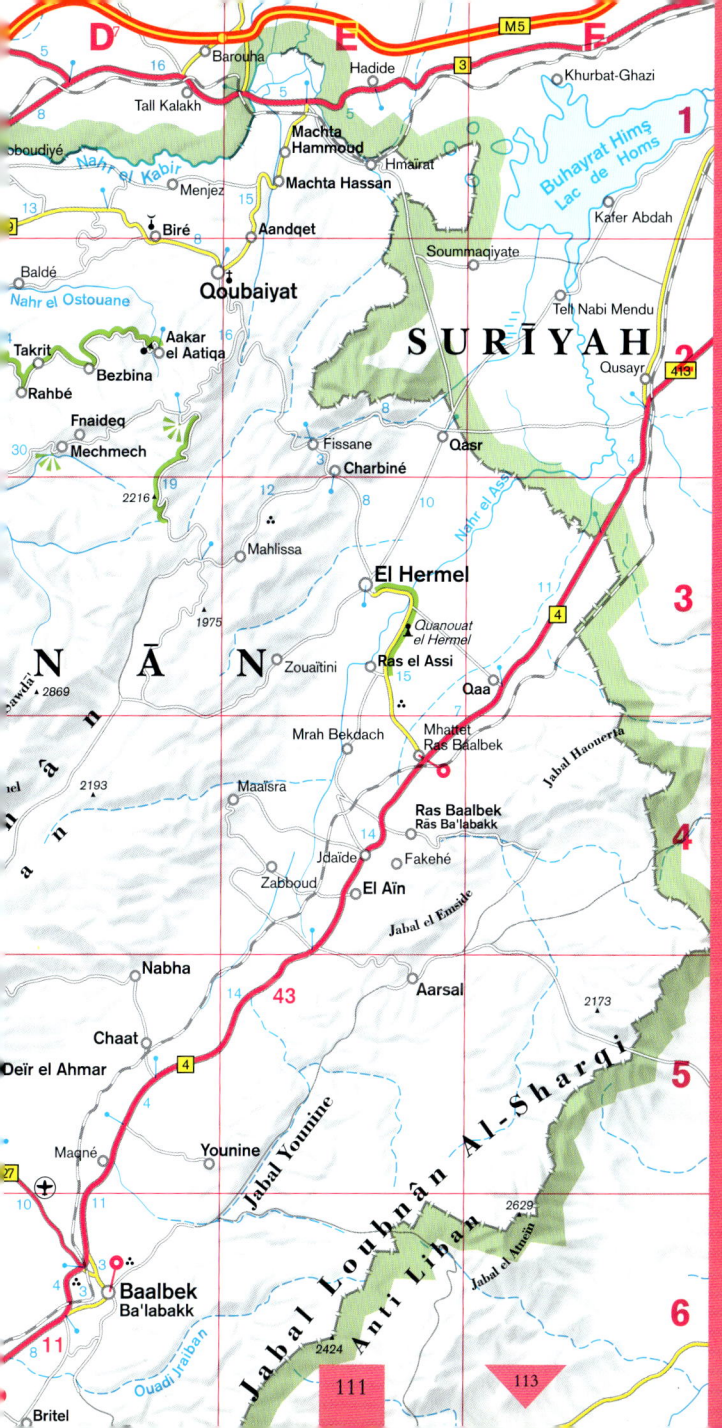

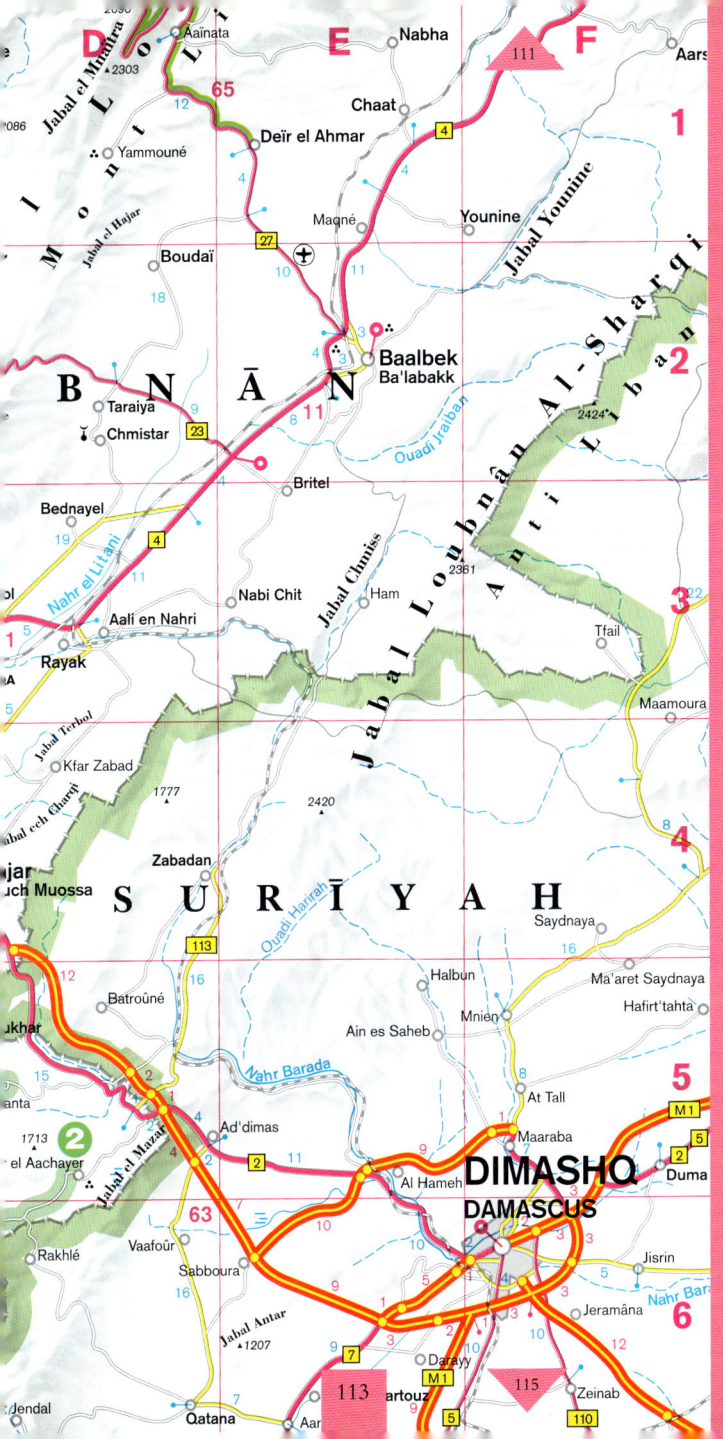

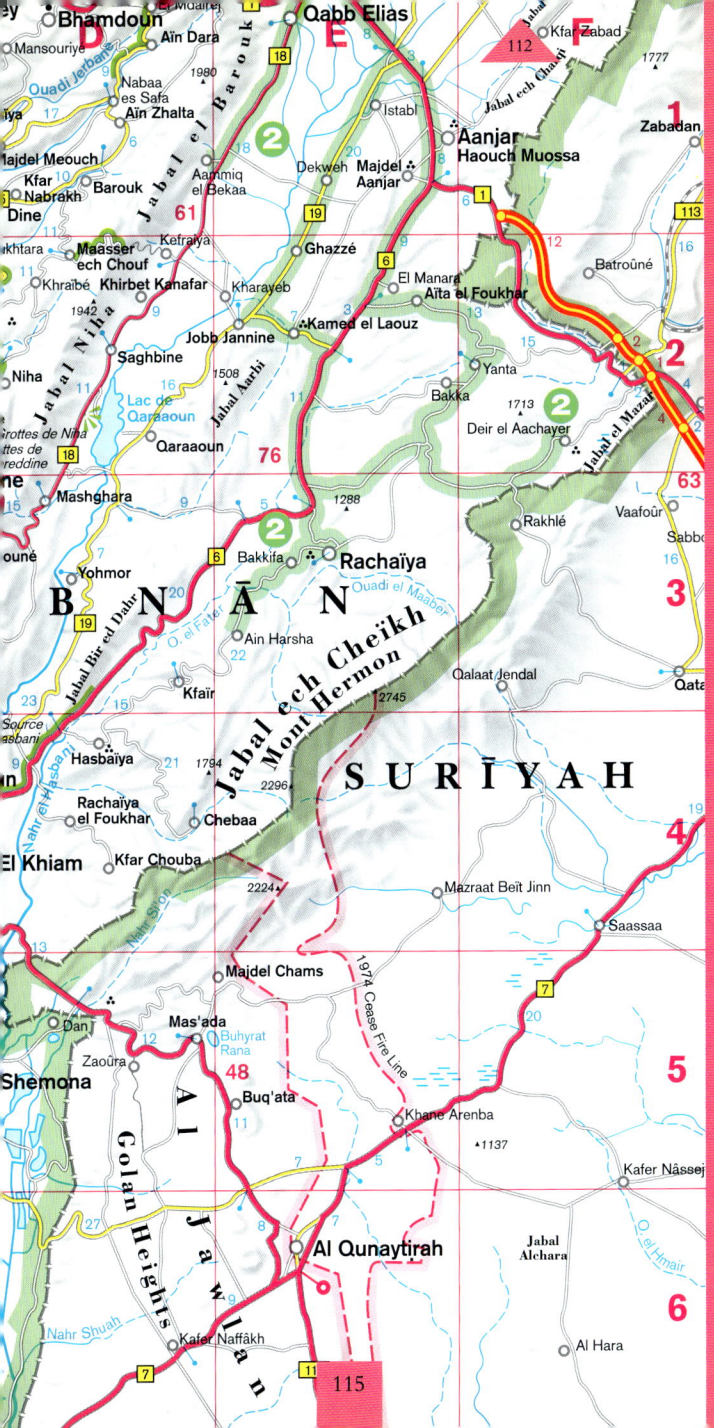

LEGENDE REISEATLAS

Autobahn mit Anschlußstelle
Motorway with junction

Autobahn in Bau
Motorway under construction

Autobahn in Planung
Motorway projected

Autobahnähnliche Schnell-
straße mit Anschlußstelle
Dual carriage-way with
motorway characteristics
with junction

Straße mit zwei
getrennten Fahrbahnen
Dual carriage-way

Durchgangsstraße
Thoroughfare

Wichtige Hauptstraße
Important main road

Hauptstraße
Main road

Sonstige Straße
Other road

Piste
Track

Straßen in Bau
Roads under construction

Eisenbahn
Railway

Autofähre
Car ferry

Schiffahrtslinie
Shipping route

Landschaftlich besonders
schöne Strecke
Route with
beautiful scenery

Straße gegen Gebühr befahrbar
Toll road

Paß mit Höhenangabe
Pass with height

Bedeutende Steigungen
Important gradients

Erdölleitung, Erdgasleitung
Oil pipeline, natural gas pipeline

Sumpf
Swamp

Periodischer Fluß
Seasonal river

Staatsgrenze
National boundary

Grenzkontrollstelle
Check-point

Kultur
Culture

★★ PARIS
★★ *la Alhambra*
Eine Reise wert
Worth a journey

★ TRENTO
★ *Comburg*
Lohnt einen Umweg
Worth a detour

Landschaft
Landscape

★★ Rodos
★★ *Fingal's cave*
Eine Reise wert
Worth a journey

★ Korab
★ *Jaskinia raj*
Lohnt einen Umweg
Worth a detour

Besonders schöner Ausblick
Important panoramic view

Nationalpark, Naturpark
National park, nature park

4807
Bergspitze mit Höhenangabe
in Metern
Mountain summit with height
in metres

(630)
Ortshöhe
Height above sea level

Kirche, Kloster
Church, monastery

Kirchenruine
Church ruin

Moschee
Mosque

Schloß, Burg
Palace, castle

Schloß-, Burgruine
Palace ruin, castle ruin

Erdölquelle
Oil well

Brunnen, Quelle
Well, spring

Wasserfall
Waterfall

Höhle
Cave

Ruinenstätte
Ruins

Sonstiges Objekt
Other object

Campingplatz
Camp site

Badestrand · Surfen
Bathing beach · Surfing

Tauchen · Fischen
Diving · Fishing

Verkehrsflughafen
Airport

Flugplatz
Airfield

118

REGISTER

Enthalten sind alle in diesem Führer aufgeführten Orte, Ausflugsziele und Hotels. Kursiv gesetzte Seitenzahlen weisen auf Fotos hin, halbfett gesetzte auf den Haupteintrag.

Was bekomme ich für mein Geld?

 Der Libanon ist kein Billigland, Rucksacktouristen seien gewarnt. Dennoch liegen die Preise generell nicht ganz so hoch wie in Deutschland. Währungseinheit ist das libanesische Pfund, *al lira al lubnaniyya*, abgekürzt L.L. (hier immer Lira). Für 1 Mark erhalten Sie ungefähr 880 Lira (Stand Nov. 1998). Aufgrund des Währungsverfalls in den letzten Kriegsjahren hat sich der US-Dollar überall im Land als Zweitwährung etabliert. Sie können daher in jedem Geschäft problemlos mit Dollarnoten bezahlen. Jede Kassiererin hält einen Taschenrechner parat, um den Kurs bzw. die Preise der von Ihnen gekauften Waren sofort umzurechnen. Für 1 Dollar erhalten Sie knapp 1500 Lira (Stand Nov. 1998).

Daneben gibt es an fast jeder Ecke Geldwechsler, die Ihre Dollar (Mark schon seltener) in einheimische Pfund tauschen, geschummelt wird dabei so gut wie nie. Da der Markkurs hierzulande günstiger liegt als in Deutschland, empfiehlt es sich, größere Markbeträge erst hier in Dollar zu tauschen. Die Banken erledigen Devisengeschäfte in der Regel ab 9.30 Uhr, dann hat die Börse geöffnet, und die Bank kann den brandaktuellen Kurs erfragen (außer samstags).

Mit welchen Preisen müssen Sie rechnen?

Der Eintritt zu den antiken Sehenswürdigkeiten liegt zwischen 750 (Zitadelle von Byblos) und 2000 Lira (Tempel von Baalbek). Für eine Tasse *ahwa turkiyya* zahlen Sie etwa 1500 Lira, Man'ushi aus der Garküche kostet zwischen 750 und 1500 Lira. Teuer sind Taxis, 100–150 Dollar pro Tag müssen Sie schon einkalkulieren. Für ein gutes Abendessen sollten Sie mit ca. 30 bis 50 Dollar pro Person rechnen. Kino- oder Theaterkarten sind dagegen preiswert: Rund 10 000 Lira kostet der Besuch zur Zeit.

Kreditkarten werden zusehends häufiger in den großen Hotels, in den Restaurants und bei Fluggesellschaften akzeptiert, deutsche Eurocheques an den Mann oder die Frau zu bringen ist immer noch schwierig. Nehmen Sie lieber Bargeld mit.

Devisenbeschränkungen gibt es im Libanon nicht, Sie können ein- bzw. ausführen, soviel Sie wollen.

doch all die nicht beweglichen großen Sarkophage oder Statuen blieben, wo sie waren: eingegossen in schützenden Beton. Nur ein weißes Kärtchen auf dem Betonklotz verriet, was drunter lag. Ebenfalls sehenswert: das römische Mosaik an der Ostseite des Gebäudes voller filigraner Tiergestalten. Aber: Am unteren linken Ende klafft ein Loch, ein Scharfschütze schlug es, um ein besseres Schußfeld auf die andere Seite zu erhalten. Gehen Sie hin, wenn sich während Ihres Besuchs die Gelegenheit ergibt.

Ansonsten müssen Sie sich nämlich mit den schon erwähnten Säulen begnügen oder bei den Ausgrabungen in der Stadtmitte zuschauen: Beiruts jahrtausendealte Geschichte kommt erst jetzt ans Licht, denn die phönizischen Siedlungen der Antike wurden immer wieder bei Invasionen und in Kriegen zerstört, die Assyrer und Babylonier, Hethiter und Ägypter auf phönizischem Boden ausfochten – Parallelen zur Gegenwart kommen nicht von ungefähr. Erst in römischer Zeit erlebte die Stadt eine neue kulturelle Blüte. Mit Amphitheater und Hippodrom, Foren, Basilika und Bädern, vor allem aber mit der berühmten Rechtsschule entwickelte sich Beirut unter oströmischer Ägide zum führenden Zentrum der Jurisprudenz. Der Beiruter Rechtsprofessor Dorotheus war es, der im 6. Jh. den Code Justinian mitverfaßte, er schrieb auch gleich den ersten Kommentar dazu. Noch heute sind Beiruts Richter und Staatsanwälte stolz auf diese Tradition.

Am 9. Juli 551 indes setzte nicht der Krieg, sondern Naturgewalt der blühenden Stadt ein Ende. Ein fürchterliches Erdbeben, gefolgt von einer riesigen Flutwelle, zerstörte Beirut bis auf die Grundmauern. 30 000 Tote soll es damals gegeben haben: ein Schock, vom dem sich die Stadt allen Chroniken zufolge jahrhundertelang nicht recht erholte.

Die Taubengrotte (Grotte aux Pigeons), ein Felsentor im Meer vor Beirut

Dank ihres natürlichen Hafens von strategischer Bedeutung, wurde die Stadt nacheinander von Arabern, Kreuzfahrern und Mamelucken erobert. Letztere wurden wiederum Anfang des 16. Jhs. von den Osmanen vertrieben. Diese blieben bis zur Neuzeit, bis dann die französische Mandatsmacht sie ablöste und Beirut zur Hauptstadt des unabhängigen Libanon aufstieg. Beirut, »1000mal zerstört«, einmal mehr wieder aufgebaut, suggerieren rund um den Globus in libanesischen Botschaften und Fremdenverkehrsämtern die Werbeplakate des Tourismusministeriums. Es scheint, daß die Werbung zumindest diesmal nicht ganz unrecht hat: Die neuesten Pläne zum Wiederaufbau des alten Stadtzentrums lassen nämlich ein kleines Manhattan am östlichen Mittelmeer erahnen, vielleicht eine Nummer zu groß geplant, doch übertriebene Bescheidenheit hat den Libanesen noch niemand nachgesagt, eher schon eine in der Tat bewundernswerte Stehaufmännchenmentalität. *Beirut 2000* heißt das giganteske Projekt, das Beirut zur Jahrtausendwende wieder zu dem machen soll, was es einmal war. Auch wenn dies, angesichts der Ebbe in der Staatskasse, noch ein Weilchen dauern wird, fest steht zumindest, daß es wieder aufwärts geht, wenn auch peu à peu.

BESICHTIGUNGEN

Große Moschee (U/E 2)

Die *dschamia al kbir,* so ihr arabischer Name, ist zwar gar nicht besonders groß, aber historisch interessant. Sie liegt linker Hand

von der Place des Martyrs, ein paar Schritte in die Rue Weygand hinein. Das frisch restaurierte Bauwerk fußt auf den Fundamenten der Kirche St. Johannes des Täufers, die ihrerseits wiederum auf den Überresten eines antiken Tempels gründete. Die Kreuzfahrer waren es, die nach ihrer Eroberung Beiruts im Jahr 1110 die ursprünglich byzantinische Kirche zum Bischofssitz machten. Balduin von Boulogne wurde hier 1112 zum lateinischen Bischof von Beirut gewählt. Während seiner Amtszeit wurde das Gotteshaus von 1113 bis 1150 erheblich umgebaut und erweitert. Erst die Araber verwandelten die Kirche nach der moslemischen Rückeroberung Beiruts in eine Moschee, veränderten das Innere und fügten ein Minarett hinzu.

Place des Martyrs und Ruinen im alten Stadtzentrum (U/E 2)

★ Die Place des Martyrs, ganz ohne Ironie auch Place des Canons geheißen, war einst der Mittelpunkt des alten Beirut, hier befand sich der große Busbahnhof für die Überlandbusse nach Tripoli, nach Baalbek oder in den Süden, hier reihte sich ein Geschäft ans andere. Übrig blieben Ruinen, aus deren leeren Fensterhöhlen in den höheren Etagen bereits das Unkraut wächst, doch neues Leben sprießt zur Zeit rings um die Statue der Märtyrer, die dem Platz seinen offiziellen Namen gab und heute zum beliebtesten Fotomotiv der Stadt avanciert ist. Ein paar Plastikstühle dazu, ein Sonnenschirm, ein Kaffeeautomat – fertig ist das Straßencafé gleich neben dem Denkmal, das, von unzähligen